PROFETIZA
¡SOLO HAZLO!

PROFETIZA
¡SOLO HAZLO!

MATTHEW HELLAND

ARROWZ

Profetiza – ¡solo hazlo!

Publicado por Arrowz USA
info@arrowz.us
www.arrowz.us

Autor: Matthew Helland
Editora: Erica Kramer
Traducción del inglés: BelmonteTraductores.com
Dirección artística y diseño de interior: Ronald Gabrielsen, 3ig.org

ISBN 978-1-951014-04-9 (Powerpocket)
ISBN 978-1-951014-05-6 (eBook)

Copyright © 2019 Matthew Helland
Título original: Prophecy–Just Do It!
Copyright traducción al español © 2020 Arrowz USA

Este libro fue publicado por primera vez en inglés publicada por Arrowz USA, North Palm Beach (FL), USA, y simultaneamente en holandés por Arrowz, Haarlem, Países Bajos. Traducido con permiso.

A menos que se indique lo contrario, todas las citas de la Escritura han sido tomadas de la Santa Biblia, Versión Reina-Valera 1960, RVR, © 1960 por las Sociedades Bíblicas en América Latina; © renovado 1988 por las Sociedades Bíblicas Unidas. Usadas con permiso.

Las citas de la Escritura marcadas (NVI) son tomadas de la Santa Biblia, Nueva Versión Internacional®, NIV®, © 1999 por la Sociedad Bíblica Internacional. Usadas con permiso. Reservados todos los derechos.

Las citas de la Escritura marcadas (NTV) son tomadas de la Santa Biblia, Nueva Traducción Viviente®, NTV®, © 2008, 2009 Tyndale House Foundation. Usadas con permiso de Tyndale House Publishers, Inc., Wheaton, Illinois 60189. Todos los derechos reservados.

Todos los derechos reservados. Ninguna parte de este libro puede ser reproducida o transmitida en cualquier forma o por cualquier medio, electrónico o mecánico, incluyendo fotocopias, grabación, o por cualquier almacenamiento de información y/o sistema de recuperación, sin permiso por escrito del publicador.

All rights reserved. No portion of this book may be reproduced, stored in a retrieval system or transmitted in any form, electronically, mechanically, by means of photocopying, recording or otherwise—with the exception of brief quotation in printed reviews—without the prior written permission of the publisher.

*Dedico este libro a mi esposa Femke.
Todo lo verdaderamente valioso me fue
dado por Jesús y por ti. Eres el mayor
regalo que he recibido jamás,
y gracias a ti y gracias a Jesús me he
convertido en la persona que soy ahora.*

*Seguid el amor; y procurad los dones
espirituales, pero sobre todo que profeticéis.*
— 1 Corintios 14:1

*Porque podéis profetizar todos
uno por uno, para que todos aprendan,
y todos sean exhortados.*
— 1 Corintios 14:31

Indice

Recomendaciones	9
Prólogo	11
Introducción: El poder de la profecía	13
La visión: El regreso de los profetas	23
1. Comó oír la voz de Dios	27
2. Claves	45
3. Barreras	77
4. Profecía en la iglesia	103
5. Enseñar a los niños a profetizar	127
Conclusión: Crear una cultura profética saludable	139
Notas	144
Libros recomendados	145
Acerca del autor	146

Recomendaciones

Matthew Helland es ese tipo de personas que llevan consigo el refrescante amor de Dios dondequiera que van. Si tienes la oportunidad de conocerlo, te lo recomiendo de todo corazón en todo lo tocante al ministerio.

– *Phil Strout*
Director nacional de Vineyard Association of Churches, USA

Es estupendo leer y escuchar un mensaje sobre lo profético, pero es otra cosa muy distinta ver el mensaje. Así es Matthew. Como Jesús, quien vino no sólo declarando sino también demostrando que "el Reino está aquí. El cielo está siendo manifestado aquí y ahora". Este libro es un manual completo, y ahora te corresponde a ti "solo hazlo".

– *Roger Cunningham*
Pastor de Iglesia La Viña de Las Condes, Santiago, Chile

Matthew Helland ha organizado escuelas de profecía por todo el mundo. Es un siervo de Dios fiable, humilde y dedicado cuya integridad está fuera de todo reproche. Por esa razón, ¡recomiendo sinceramente este libro!

– *Jan Pool*
Fundador y líder principal de Heartlink, Haarlem, Países Bajos

Matthew Helland te inspirará a esperar ver a Jesús hacer más de lo que sabías que era posible. Este libro te dará enseñanza práctica, herramientas útiles, ¡e historias que te encenderán para que des un paso al frente y veas cosas maravillosas!

– *Putty Putman*
Director fundador de School of Kingdom Ministry, pastor de The Vineyard of Central Illinois, Urbana (IL), USA

Este es un libro para lectura y disfrute de todo creyente.

– *Randell O. Drake*
Obispo de New Horizons Ministries, IPHC

Vidas son cambiadas cuando comenzamos a reconocer y activar el poder del Espíritu Santo en cada creyente. Me asombro de cómo el conocimiento y las enseñanzas prácticas de Matthew han encendido lo sobrenatural en nuestra región.

– *Mark Hammond*
Pastor principal de Celebration Center IPHC, Modesto (CA), USA

Matthew Helland se ha atrevido a escribir un libro bíblico,- contemporáneo, práctico y autobiográfico. Estoy encantado de recomendarlo.

– *Thomson Mathew*
Profesor y exdecano de College of Theology & Ministry, Universidad Oral Roberts, Tulsa (OK), USA

Prólogo

A lo largo de los años he sido bendecido con palabras de ánimo y perspectiva profética que Matthew me ha dado. Cuando veo un mensaje de Matthew, sé que estoy escuchando a un hombre que ha pasado tiempo con Dios, un hombre que me ama genuinamente y busca lo mejor para mí, un hombre que ha buscado determinar el tiempo de Dios con respecto a qué y cómo debería hablar.

Este libro es en parte autobiografía y en parte enseñanza. Es una lección sobre los dones del Espíritu Santo, sobre dedicar tiempo a desarrollar esos dones, y después darle a Dios la gloria por el uso eficaz de esos dones.

He leído muchos libros sobre el ministerio profético, pero este es diferente. Está escrito desde las primeras líneas de confrontar las necesidades desesperadas de las personas en la cultura occidental, especialmente en la Europa Occidental.

Matthew está entregando su vida para levantar una nueva generación dedicada a Aquel que es "el Camino, la Verdad y la Vida". En esa generación están abiertos a la plenitud de su Espíritu. Entienden que Él es el Redentor. Entienden que Él es amor. Saben que Él es la verdad. Y saben que Él busca revelarse a todo aquel que está sediento en un desierto espiritual moderno.

Lo que hace que este libro sea tan atractivo es la disposición de Matthew Helland a ser "genuino". Comparte sus temores, su falta de conocimiento (y cómo tratarlo), e incluso sus fallos a la hora de ejercer los dones espirituales. Hay una gozosa humildad que recorre todo este libro; sin embargo, esta humildad no enmascara el valor genuino que se requiere para alcanzar a las personas. Al leer este libro serás inspirado e informado. Y aún más: creo que se producirá una impartición.

Profetiza – ¡solo hazlo! es un libro de lectura obligada para vivir en la plenitud del Espíritu en nuestra generación.

– Dr. A.D. Beacham, Jr.

Obispo de la Iglesia Santidad Pentecostal Internacional

INTRODUCCIÓN
El poder de la profecía

Cada semana, mi esposa y yo visitamos a trabajadoras de habla hispana en el Barrio Rojo de Ámsterdam. Allí me conocen como Pastor o Padre Mateo, que va para escuchar y orar por todo aquel que le abra la puerta. Regularmente veo personas que reciben sanidad física o son tocadas por una palabra precisa de Dios que comparto con ellas. Sus historias muestran cómo el amor de Dios ha transformado vidas a través de la profecía.

Una mujer a la que llamaré Victoria me habló de la primera vez que me conoció. Ella pensaba que yo era un posible cliente, así que se quedó asombrada cuando abrió la puerta y empecé a darle una palabra precisa de Dios. Ella había estado de rodillas pidiéndole a Dios una palabra suya, y ahí entró el Pastor Mateo respondiendo a la pregunta que ella le había hecho a Dios esa mañana en oración. Además, todo su dolor de espalda desapareció después que oré por ella.

Otra mujer en la sala acababa de tener un sueño y me preguntó si yo podía decirle lo que significaba. Comenzó a llorar cuando describí lo que ella estaba experimentando. Victoria me dijo que la mujer subió inmediatamente las escaleras, se puso la ropa y nunca volvió a trabajar en el Barrio Rojo.

Una de las primeras mujeres a las que pudimos ayudar a salir de la prostitución, María, siempre se sentaba con sus pies contra la ventana de una forma peculiar. Después supe que eso se debía a que sufría un dolor agudo en su rodilla y su espalda. Nunca habló conmigo, y más adelante supe que le decía a todo el mundo que yo era un hombre blanco loco que hablaba español y les decía a todos que era pastor. Una de sus compañeras le dijo que realmente yo era pastor y que de veras podía ayudarla.

Me emocionó cuando María me dijo que quería dejar la prostitución y quería nuestra ayuda. Al final de la semana, cuando ella llegó a la oficina de Bright Fame, me dijo que tenía miedo de "convertirse en una de esas cristianas". A lo cual respondí: "Ah, no te preocupes de ello en absoluto".

Ayudamos a María a dejar su trabajo en el Barrio Rojo, y cada vez que la veía oraba por la sanidad de su rodilla y su espalda. De nuevo, educadamente me permitía orar por ella. Después me dijo que pensó: "Este hombre está loco".

Un día hicimos una barbacoa en su casa y yo había invitado a un amigo mío profeta. Lo primero que dijo al verla fue: "Veo que los huesos de tu rodilla están tocándose, les falta el cartílago. Dios va a sanar tu rodilla y tu espalda". María pensó que él estaba loco y respondió: "Realmente me gustaría dejar de beber". Mi amigo le dijo: "De acuerdo, la próxima vez que bebas alcohol te sentirás muy mal". Ese día ella bebió un poco de cerveza, pero no le supo como siempre. A la mañana siguiente se despertó y tenía una gran resaca, algo que nunca había tenido por estar habituada a beber grandes cantidades de whisky, vino y cerveza. El alcohol había sido uno de sus mecanismos de afrontamiento, pero desde ese día no lo ha necesitado.

La vida de María ha cambiado radicalmente desde que conoció a Cristo. Ha dejado de beber, sus pesadillas han cesado, ha perdido peso, su cuerpo ha sido sanado y ha recuperado el gozo en su vida. También ha aprendido a montar en bicicleta y a nadar, dos habilidades importantes para cualquiera que viva en Holanda.

María trabajó en la prostitución por más de dieciséis años, pero ahora tiene una vida totalmente nueva. La mujer que había dicho que tenía miedo de convertirse al cristianismo ahora tiene un estudio bíblico en su casa todos los martes en la tarde. Cada semana asisten nuevas personas y conocen a Cristo a través de la cocina y el testimonio de María. Ella es una figura clave en una nueva iglesia en Ámsterdam llamada Iglesia Vida Nueva.

Por todo el mundo, la profecía cambia vidas. En julio de 2018 visité el Barrio Rojo de Mexicali, en México, junto a un equipo de jóvenes cristianos. Le habíamos pedido a Dios pistas o palabras de conocimiento con respecto a las personas que encontraríamos ese día. Una de las palabras fue "camuflaje". Uno de los jóvenes evangelistas vio a un hombre con una camisa de camuflaje y fue tras él. Quedó asombrado al ver que ese hombre había sido su compañero de celda en la prisión por más de un año y medio. Su viejo amigo lo miró y dijo: "En los tres últimos días he estado pidiendo a Dios que envíe a alguien para hablarme de Él y ayudarme a comenzar una nueva vida". Cuando mi amigo comenzó a orar por él, su antiguo compañero de celda cayó en sus brazos y comenzó a llorar.

Este joven aprendió que el evangelismo y la profecía no son difíciles. Sencillamente se trata de comunicar el corazón y la mente de Cristo al mundo que nos rodea. Desde Ámsterdam hasta Budapest, y desde Kiev hasta Barcelona y Mexicali, he visto a personas conmoverse y llorar porque alguien les habló lo que había en el corazón de Dios para ellos. A veces esto puede ir acompañado de una sanidad o una palabra de conocimiento precisa, pero la meta principal es comunicarles la verdad y el amor de Dios por ellos.

Cada persona que entreno en el ministerio profético, en algún punto de su mensaje dirá algo parecido a: "Dios dice: 'Te amo'" o "Eres mi hijo amado". El evangelismo y el ministerio profético tienen que ver con compartir amor, verdad, esperanza y vida. En este libro me enfocaré en este ministerio de la profecía que a veces es tan temido y malentendido.

¿Qué es profecía?

Profecía es comunicar el corazón y la mente de Dios a tu mundo. Es conocer tan bien la voz de Dios que se convierte en algo normal decirles a otros lo que sentimos que Dios quiere decirles. La profecía transforma vidas y libera el poder de Dios en nuestro mundo. Proverbios 29:18 dice que sin visión profética o sin profecía el pueblo de Dios perece. En otras palabras, la Iglesia comienza a morir cuando solo sabemos *acerca* de Dios y realmente no conocemos *a* Dios. La profecía es el fruto natural de cultivar una relación interactiva personal con Dios. Si Él es nuestro Padre y nosotros somos sus hijos, debería ser la cosa más natural escuchar su voz y comunicar sus palabras a otros. La profecía debería ser normal entre los cristianos.

¿Por qué profetizar?

En primer lugar, porque en numerosas ocasiones la Biblia nos dice que lo hagamos. El apóstol Pedro dice que si alguien habla, debería hablar como si estuviera hablando "las palabras mismas de Dios" (1 Pedro 4:11, NVI). También afirma en el día de Pentecostés que en los últimos días Dios derramaría de su Espíritu sobre toda carne y todos profetizarían (ver Hechos 2:17-18). El apóstol Pablo dice explícitamente: "Empéñense en seguir el amor y ambicionen los dones espirituales, sobre todo el de profecía" (1 Corintios 14:1, NVI). Y estos son solo unos pocos versículos que nos animan a profetizar y a fluir en los dones del Espíritu Santo.

En segundo lugar, porque oír la voz de Dios es una parte regular de seguir a Jesús (ver Juan 10:3-5). Jesús es el buen Pastor y nosotros somos sus ovejas. Lo seguimos a Él porque nos llama por nombre y reconocemos su voz. Él no nos dirige con temor o manipulación sino que va delante nuestro y nos llama por nombre. Del mismo modo que yo reconozco la voz de mi esposa o de mi mamá por teléfono cuando llaman, cualquiera que cree en Cristo puede oírlo y llegar a conocer la voz de Dios.

Y finalmente, porque revela el corazón de Dios, ¿qué podría ser mejor?

Casi al término de una conferencia profética de jóvenes que dirigí en Budapest, un joven tomó el micrófono y dijo: "Dios dice: 'Te amo, te amo, te amo'". Yo no menosprecié eso por ser demasiado elemental. En cambio, pensé: "¡Sí! Captó la esencia del ministerio profético". Reveló la mente y el corazón amoroso y apasionado de Dios Padre. Él anhela que sus hijos lo conozcan como verdaderamente es. A Él le encanta hablar con nosotros y a través de nosotros.

Abrazar la transformación

Por desgracia, la profecía no siempre está presente en la iglesia local actualmente, y en parte es debido a una falta de conocimiento o modelos a seguir saludables que pueden demostrar y explicar el uso apropiado de los dones del Espíritu. Relativamente pocas personas están dispuestas a enseñar y activar a otras personas en la profecía. A muchas personas les gustaría profetizar, pero no saben cómo o tienen miedo a hacerlo debido a una enseñanza incorrecta.

Por eso escribí este libro. No soy un experto que lo sabe todo, pero al igual que un amigo montañero que se deleita en ayudar a otros a escalar más alto, he aprendido que como mejor se crece en el ministerio profético es en el contexto de la comunidad. Comparto alegremente mis éxitos y fracasos; creo que esto te animará a crecer en tu capacidad de oír la voz de Dios y moverte en su poder.

He visto iglesias transformadas después de organizar una escuela de profecía. Al igual que esas escuelas, este libro tiene la intención de equiparte para profetizar. Está lleno de ejemplos bíblicos e historias modernas para inspirarte. He tenido el privilegio de enseñar este material en ciudades por todo el mundo y he visto resultados maravillosos. Adultos y niños que pensaban que nunca podrían profetizar ahora están profetizando con confianza y precisión.

Los principios bíblicos que comparto te ayudarán si anhelas crecer en el ministerio profético, pero en su núcleo, el ministerio profético no tiene que ver con principios o pasos. Se trata de desarrollar tu relación íntima con Dios. Cuando vivimos conectados a Jesús, todos los dones del Espíritu, incluido el de profecía, pueden ser normales y naturales. Si buscamos primero su presencia, sus regalos nos seguirán.

Mi actitud con respecto al ministerio profético es: "Todo lo que yo puedo hacer, tú lo puedes hacer mejor". Ese lema fue inspirado por las palabras de Jesús: "Ciertamente les aseguro que el que cree en mí las obras que yo hago también él las hará, y aun las hará mayores, porque yo vuelvo al Padre" (Juan 14:12, NVI). Pausa por un momento para recibir esto: Jesús mismo dijo que nosotros haríamos las mismas obras que Él hizo, e incluso mayores. Él nos dejó su Espíritu Santo para empoderarnos para hacer estas cosas.

El profeta Ezequiel comparte una visión. Un río sale del templo de Dios y se vuelve tan profundo que puede nadar en él. Por donde pasa el río, surge nueva vida y florecen cosas (Ezequiel 47). Qué gran descripción de lo que puede suceder a medida que las personas crecen en un ministerio profético bíblico y que imparte vida. Es como ser capaces de nadar en el fluir del Espíritu Santo. Sin embargo, la parte más difícil de ese tipo de natación es empezar. Es como meterte en el agua fría de un lago montañoso o en el mar holandés. Recuerdo una vez que estuve de pie en el agua durante diez minutos antes de atreverme a zambullirme en las olas heladas. Sin embargo, una vez que me metí disfruté nadando, y mi cuerpo se acostumbró a la temperatura.

De toda nuestra familia hay una persona a quien le encanta meterse en el agua por muy fría que esté: Benjamín, mi hijo que tiene ahora seis años. El agua fría no le impide meterse en las olas del Mar del Norte. Se divierte mucho nadando, por muy frío que pueda estar el mar. Ocurre lo mismo con la profecía; una vez que te metes, ¡descubrirás lo divertido que es! El valor que tiene Benjamín para meterse en el agua fría es el valor que yo quiero tener para profetizar a las personas, por muy cortante que sea la respuesta que pueda recibir.

Los surfistas y nadadores que nadan en aguas frías usan trajes de agua para poder nadar por muy fría que pueda estar el agua. Es mi oración que este libro con todos los principios bíblicos, ejemplos y ejercicios que tiene, te permita nadar en el fluir de lo que el Espíritu Santo está haciendo y diciendo.

Espero que disfrutes la lectura de este libro, pero deseo incluso más que cultives en mayor medida tu propia relación íntima con Jesús, ¡y aprendas a profetizar! Aprende a ver cómo Dios puede cambiar tu vida y las vidas de las personas que te rodean cuando humildemente declaras con osadía las palabras de Dios y te mueves en el poder de su Espíritu Santo.

LA VISIÓN
El regreso de los profetas

> Oren porque se levante una nueva generación de líderes, profetas del molde apostólico, líderes que puedan reunir de nuevo al pueblo de Dios en comunidades de fidelidad radical.
> — RICHARD FOSTER[1]

En 1978 el autor y teólogo cristiano Richard Foster iba caminando por una playa de Portland, Oregón. De repente, Dios comenzó a hablarle. Durante esa conversación observó una gran roca en medio del agua, que era golpeada por las olas. Se mantenía como un bastión de fuerza invencible. Después vio un árbol antiguo que había sido golpeado por un rayo. El árbol estaba muerto en el centro y solo tenía unas pocas partes por fuera que aún estaban vivas. Mientras miraba, Dios le dijo: "La Iglesia en muchos lugares se parece a ese árbol antiguo: está muerta en el centro y solo tiene unos pequeños remanentes de vida en la periferia". Volvió a girarse y miró de nuevo la roca fuerte golpeada por las olas, y oyó a Dios decir: "Pero estoy llamando a mi Iglesia a ser como esa roca".

Foster escribe: "Recibí... guía para orar por el surgimiento de una nueva generación de líderes, profetas del molde apostólico. Líderes que puedan reunir de nuevo al pueblo de Dios en comunidades de fidelidad radical".

Continúa describiendo a estos profetas diciendo:

> Proceden de toda clase y categoría de personas. Algunos tienen educación formal; otros son analfabetos o semianalfabetos. Algunos vienen de iglesias y denominaciones organizadas; otros vienen de fuera de estas estructuras. Algunas son mujeres; algunos son hombres; algunos son niños. Para la persona, ellos aman a Jesús con todo su corazón. Bajo su liderazgo y mediante el poder del Espíritu Santo el pueblo de Dios está siendo reunido de nuevo. (No estoy hablando en términos organizacionales sino orgánicos). Estamos siendo testigos en nuestros días de todo un ejército de niños, mujeres y hombres que están sintonizando con un orden diferente de realidad y poder.[2]

Me identifico con la visión de Foster. En ella veo mi propio deseo de ser un profeta del molde apostólico que reunirá al pueblo de Dios en comunidades de fidelidad radical. Se alinean con mi misión de alcanzar a los perdidos, hacer discípulos, levantar una nueva generación de profetas, y crear comunidades transformadoras donde conocer a Dios y escucharlo sea normal.

Muchos cristianos no creen que es posible oír la voz de Dios o ver visiones que vienen de Él, pero estoy convencido de que Dios nos creó para ser capaces de oír su voz. Dios sigue hablando hoy, pero el problema es que con mucha frecuencia nosotros no escuchamos, debido a la incredulidad o a un mal liderazgo espiritual. A veces, los líderes de nuestras comunidades carecen del conocimiento y las habilidades para desarrollar una relación dinámica con Dios. La Biblia nos enseña que Dios levanta profetas cuando el pueblo no lo conoce a Él. En 1 Samuel leemos un ejemplo: "Pero cuando llegaron y vieron que Samuel dirigía a un grupo de profetas que estaban profetizando, el Espíritu de Dios vino sobre los hombres de Saúl y ellos también comenzaron a profetizar" (1 Samuel 19:20, NTV). En 2 Reyes 2 encontramos grandes comunidades de profetas en lugares como Gilgal, Betel y Jericó. La norma no era uno o dos individuos profetizando, sino comunidades enteras.

Estoy convencido de que es la intención de Dios no solo levantar a un profeta individual, sino también comunidades de profetas que profeticen regularmente y puedan activar a otros para aprender a reconocer la voz de Dios para ellos mismos y para otros.

De hecho, no es la voluntad de Dios que solo uno o dos individuos "especiales" sean capaces de profetizar, sino que todos puedan profetizar. Pablo escribe: "Así *todos* pueden profetizar por turno, para que todos reciban instrucción y aliento" (1 Corintios 14:31, NVI). En Hechos leemos: "Sucederá que en los últimos días —dice Dios—, derramaré mi Espíritu sobre *todo* el género humano. Los hijos y las hijas de ustedes profetizarán, tendrán visiones los jóvenes y sueños los ancianos. En esos días derramaré mi Espíritu aun sobre mis siervos y mis siervas, y profetizarán" (Hechos 2:17-18, NVI).

Aquí vemos que la promesa es para todas las personas, hombre, mujer, joven, anciano, rico, pobre, todo aquel sobre el que Dios derrame su Espíritu. El nuevo pacto que Dios hizo con su pueblo fue que todos pudieran conocer a Dios y declarar sus palabras (ver Jeremías 31:33-34).

En algunas tradiciones de la iglesia, solo los líderes de la iglesia pueden recibir y dar un mensaje de Dios. Esto no solo no es bíblico; también es una tragedia que las personas dependan de uno o dos líderes si quieren comunicarse con Dios. No es sano si un creyente confía demasiado en un profeta, consejero, pastor o líder para recibir dirección de Dios para su vida. Cada uno puede aprender a ser guiado por el Espíritu Santo y la Biblia. No deberíamos empezar mirando a los profetas para encontrar dirección en nuestra vida. Miramos a Dios primero y solo después a otras personas que lo conocen y que confirmarán lo que Él habla en nuestro propio corazón.

No son solo los "profetas" o ministros especiales quienes profetizan. A menudo, son mis ministros proféticos favoritos: mis propios hijos o personas que nadie más sospecharía que pudieran profetizar. Cuando envío estudiantes de la escuela bíblica a hacer ministerio profético y de sanidad, ellos normalmente comienzan a ver los mismos tipos de sanidades y ministerio profético que yo desarrollo. ¡Dios quiere que cada creyente pueda profetizar!

Entonces, ¿te gustaría ser parte de una nueva generación de profetas? ¿Te gustaría aprender cómo profetizar puede ser normal y natural para ti? Empecemos entonces por el comienzo: cómo oír la voz de Dios.

CAPÍTULO 1
Cómo oír la voz de Dios

> Te haré entender, y te enseñaré el camino en que debes andar; sobre ti fijaré mis ojos.
> — SALMOS 32:8

Hay un poder transformador en escuchar la voz de Dios. Esto es lo que puede atestiguar Dutchman Piet van Soest. Cuando era un muchacho de doce años decía a todo el mundo que un día tendría una tienda de chocolates; sin embargo, a los cincuenta y dos años de edad los problemas de salud le impedían casi caminar. Caminar es esencial para trabajar en una pastelería, así que los médicos quisieron incluirlo en el programa de beneficios por minusvalía, ya que no pensaban que pudiera volver a trabajar. Sin embargo, él recordaba que Dios le había dicho hacía años atrás que tendría una tienda de chocolates.

Por fe, empezó a alquilar una pequeña tienda en la ciudad de Hillegom cuando sucedió un milagro. Fue completamente sanado. Después de aprender a hacer chocolate en diferentes chocolaterías, su único problema era que no tenía una receta para hacer bombones de chocolate. Una noche, se la pidió a Dios y se fue a dormir. Al día siguiente, se despertó con una receta en su mente. Dios le dio un sueño gracias al cual hizo sus primeros bombones de chocolate, caramelo y nata. Este proceso de recibir una receta se repitió cinco veces. Su tienda de chocolates ahora es conocida por sus recetas especiales. Cuando alguien le pregunta cómo las consigue, él responde: "Dios me las da en sueños". Hasta la fecha, se pueden probar estos deliciosos chocolates en la Chocolatería Pierre en Hillegom y Haarlem, en Holanda. Incluso hoy, su producto estelar son los bombones hechos según la receta que recibió de Dios.

Este mismo poder está visible en la vida de Frits Rouvoet, fundador y director de Bright Fame. Frits estaba en una reunión en los Estados Unidos cuando un profeta lo señaló. Comenzó a describir el edificio y el tipo de ministerio que estaría haciendo en el centro de la ciudad de Ámsterdam. Más adelante, Frits comenzó a trabajar en un edificio en el centro de la ciudad. Tras unos días se dio cuenta de que ese era el edificio que el profeta había descrito. El profeta también había dicho: "Si empiezas a trabajar ahí, llegarán las María Magdalena". No pasó mucho tiempo cuando las mujeres del Barrio Rojo comenzaron a llegar pidiendo ayuda.

Su trabajo se convirtió en un ministerio que lucha contra el tráfico humano y ha ayudado a cientos de mujeres a salir de la prostitución. Mi esposa Femke y yo tenemos el privilegio de ser parte de esta organización. Aún hoy, esa palabra profética está teniendo un efecto no solo en la vida de Rouvoet, sino también en las vidas de muchos otros.

Pero ¿cómo podemos oír la voz de Dios? Eso es lo que una vez le pregunté a un profeta: "¿Cómo puedo profetizar?". Él me miró y dijo: "El mismo Espíritu Santo que yo tengo, tú también lo tienes. ¡Solo hazlo!". Yo le creí, y ese fue el inicio de que yo profetizara regularmente y usara los dones del Espíritu Santo. "Entonces, ¿Dios siempre te habla?", me preguntó alguien una vez. Yo respondí: "Sí, pero el problema es que yo no siempre escucho". Esto nos sucede a muchos: Dios siempre está hablando, pero ¿cuántas veces estamos realmente escuchando?

Dios nos habla de muchas formas distintas: mediante las Escrituras, imágenes, la naturaleza, las circunstancias, buen consejo, sueños, la iglesia, el sentido común, nuestros deseos, y mucho más. Lo difícil no es tanto escuchar la voz de Dios sino más bien reconocer cuándo Él nos está hablando. Todo el que quiera desarrollar la capacidad de poder oír la voz de Dios tiene que aprender a diferenciar entre lo que Dios está diciendo, lo que viene de nuestro propio corazón y lo que el enemigo está diciendo.

Si queremos oír y discernir la voz de Dios, es importante conocer la Biblia. El principal modus operandi de Dios para hablarnos y ablandar nuestro corazón es mediante la Biblia. Ese es el estándar mediante el cual todos los dones y palabras proféticas de Dios deberían ser juzgados.

Dios habla a través de la Biblia

> Hijo mío, está atento a mis palabras; inclina tu oído a mis razones.
> — PROVERBIOS 4:20

Dios a menudo nos habla a nosotros y a quienes nos rodean mediante las Escrituras. Cosas maravillosas empiezan a suceder cuando escuchamos la voz de Dios y aplicamos su Palabra a nuestras vidas y a los que nos rodean. Dios a menudo nos destaca versículos: cosas que necesitamos oír en este momento. Quizá nos acordamos de un versículo de la Biblia cuando tenemos que actuar o cuando tenemos que dejar de hacer algo. No es nuestro cerebro diciéndonos cosas, puede ser Dios hablándonos mediante su Palabra.

Yo tengo un área de ministerio divertida que ha producido resultados asombrosos. Me gusta ministrar en ferias de esoterismo. Llevo entre cuarenta y cincuenta tarjetas con versículos impresos que pongo boca abajo sobre mi mesa. Me maravillo continuamente de cómo Dios a menudo habla a personas directamente cuando seleccionan al azar una tarjeta con un versículo. La Biblia siempre me sirve como un trampolín desde el que puedo hablar a las vidas de las personas.

Una niña pequeña se acercó a mi mesa y me dijo que quería conocer su futuro. Le dije que escogiera una tarjeta, y ella escogió al azar Jeremías 29:11: "Porque yo sé los pensamientos que tengo acerca de vosotros, dice Jehová, pensamientos de paz, y no de mal, para daros el fin que esperáis". Le dije: "Mira, Dios conoce tu futuro, y quiere que lo conozcas a Él a través de Jesús". Después pude orar con ella y con su mamá, y ambas invitaron a Jesús a entrar en sus vidas ese día.

Un hombre me entrevistó para un programa de radio y me pidió que le dijera su futuro. De nuevo, le dije que escogiera una tarjeta. "Y seré para vosotros por Padre, y vosotros me seréis hijos e hijas, dice el Señor Todopoderoso" (2 Corintios 6:18). Este versículo junto con alguna información precisa que Dios me dio sobre su vida me abrió una oportunidad maravillosa para compartir el evangelio con él. La Palabra de Dios es viva y eficaz, y cuando las personas empiezan a creerla y aplicarla a sus vidas, cosas asombrosas pueden suceder (ver Hebreos 4:12).

Dios me habla cada día cuando medito, oro y leo la Biblia. Puedo hablar a las vidas de las personas con mucha más autoridad y confianza cuando les declaro las Escrituras. Esto puede ser tan sencillo como decir algo así: "El Señor te dice: yo soy tu Pastor y cuidaré de ti. Te amo con amor eterno. Quiero que te animes porque nunca te dejaré ni te abandonaré. No temas y no te preocupes porque estoy contigo y cuidaré de ti. Como el cielo es más alto que la tierra, así de grande es mi amor por ti" (ver Mateo 6:34; Deuteronomio 31:6; Salmos 23:1, 103:11; Jeremías 31:3).

No subestimes lo poderoso que puede ser un versículo o una historia de la Biblia para impactar la vida de alguien. Yo me lleno con las Escrituras para que, cuando ore por alguien, el Espíritu Santo pueda dirigir mi oración. Entonces oro exactamente lo que esa persona tiene que oír (ver Juan 14:26). Hubo una vez en mi vida en la que batallé con la depresión mediante un choque cultural. Meditar en las Escrituras fue un antídoto poderoso para la desesperanza que sentía. Algo que me ayudó realmente fue hacer una lista de todas las cosas que soy gracias a Cristo. Cada día leía esa lista en voz alta, y mi identidad comenzó a cambiar de cómo me sentía a quien Dios dice que soy.

Un familiar mío me dijo que la única manera en la que ella superaba los tiempos emocionales oscuros de su vida era apartándose, estudiando su Biblia y orando. Esto es lo que le permitía salir victoriosa. Confesar las Escrituras sobre nuestras vidas orando y meditando en ellas es una manera demostrada de cambiar nuestras vidas desde dentro hacia fuera. Nos ayuda a recibir la perspectiva de Dios con respecto a nuestras vidas.

No podemos basar en nuestras emociones las decisiones que tomamos en la vida. Si la vida estuviera dirigida por las emociones, sería como una montaña rusa que sube y baja dependiendo de nuestras circunstancias (ver Efesios 4:14). Debemos anclar nuestra identidad en la Palabra de Dios, porque no cambia (ver Mateo 24:35). Es tan aplicable hoy como lo era el día en que Dios inspiró a alguien para que la escribiera.

Deberíamos cuidar nuestro corazón como un jardinero cuida su jardín. Debemos llenar nuestro corazón con la Biblia para que la Palabra de Dios pueda producir flores hermosas y fruto como gozo, paz, amor y paciencia (ver Gálatas 5:22-23).

Cuando arrancamos las malas hierbas de amargura, falta de perdón y dolor de nuestro corazón, creamos un lugar seguro donde podemos caminar diariamente con Jesús y escuchar su voz. Leer y aplicar las Escrituras a nuestra vida puede producir un verdadero cambio de vida. Es el fundamento sólido sobre el que podemos construir nuestra vida.

La Biblia, entonces, es el micrófono de Dios. Es el ancla de nuestra identidad y la piedra angular mediante la que probamos toda palabra profética. Todas las palabras proféticas *deben* someterse a las Escrituras. Dios no es esquizofrénico: no le dirá a alguien que mienta, engañe, critique, asesine, odie o cometa adulterio. Su Palabra habla de forma muy clara contra estas cosas. Así, la Biblia es lo que usamos para profetizar y para evaluar toda profecía.

Dios habla mediante símbolos

> Y él les dijo: Oíd ahora mis palabras. Cuando haya entre vosotros profeta de Jehová, le apareceré en visión, en sueños hablaré con él.
> — NÚMEROS 12:6

La Biblia está llena de ejemplos de Dios hablando a personas mediante sueños y visiones que a primera vista podrían no tener necesariamente mucho sentido. A Dios le encanta hablarnos mediante imágenes y símbolos. Le habló a Abraham usando las estrellas del cielo y los granos de la arena del mar (ver Génesis 15:5, 22:17). Dios nos habla continuamente por medio de la naturaleza y cosas de nuestro entorno (ver Salmo 19). Así como una imagen vale más que mil palabras, también un sueño o visión puede valer más que un millón de palabras.

Jesús mismo fue un maestro contador de historias. Siempre contaba historias y parábolas con múltiples significados. Imagina que estás sentado frente a Jesús en una mesa. Él agarra el salero y dice: "Vosotros sois la sal de la tierra" (ver Mateo 5:13). O señala a las aves que vuelan en el cielo y dice: "Vuestro Padre celestial las alimenta" (ver Mateo 6:26). Dios no ha dejado de hablarnos mediante historias e imágenes.

Una forma fácil y común en la que Dios nos muestra una imagen es mediante nuestra imaginación. Si yo dijera: "Imagina a un elefante rosa patinando con un vestido color morado", probablemente podrías verlo con los ojos de tu mente. Yo he aprendido que Dios a menudo me da una imagen que tiene un significado relevante para alguien. La profecía es desempaquetar esa imagen y explicar lo que Dios quiere decir con ella.

Lo que hace que las imágenes sean difíciles es que no siempre sabes qué es literal y qué es simbólico. Un día, le dije a un hombre que lo veía trabajando en una plataforma petrolífera. Yo creía que era simbólico, y él entonces me dijo que realmente trabajaba en una plataforma petrolífera. En otra ocasión le dije a una mujer que Dios quería que bailara. De nuevo creía que era simbólico, pero lo que yo no sabía era que ella había dejado de danzar porque sentía que no era suficientemente buena.

Por otro lado, una vez estaba en una iglesia cuando vi una imagen de una tortita a la que había que dar la vuelta. Después de la reunión, me di cuenta de que Dios usó la misma imagen cuando llamó a Efraín a cambiar (ver Oseas 7:8). La iglesia no tenía una tortita literal a la que dar la vuelta, ni Dios les estaba llamando a abrir un restaurante de tortitas con nata. La iglesia estaba pasando por una etapa importante de transición y cambio. La imagen confirmaba su creencia de que el cambio era necesario. Interpretar las imágenes proféticas es divertido, pero también complicado. Parte de crecer en el ministerio profético es aprender a discernir si lo que Dios está diciendo a alguien es literal o simbólico.

Cuanto más profetices, más desarrollarás un "lenguaje de signos" especial con Dios. Por ejemplo, muchas veces cuando siento que Dios está destacando la nariz de alguien, está hablando de un don de discernimiento. La boca de las personas tiene que ver con un don de hablar. Los oídos significan que saben escuchar. Si destacan sus rodillas, Dios está hablando de su vida de oración. Mientras más profetizo, más experimento ciertos símbolos que Dios usa para hablarme, símbolos que a menudo tienen un significado similar. Dios te hablará de una forma única para que le entiendas.

El profeta Wim Kok de Bunschoten trabaja en una tienda de máquinas. Es normal para él darme una palabra profética describiendo herramientas y maquinaria con las que él trabaja todo el día. Jesús habló a pescadores sobre la pesca y a granjeros sobre el campo. Pedro estaba hambriento cuando vio una imagen de animales que tenía que matar y comer (ver Hechos 10:13).

Para los que les encantan los perros, quizá Dios usa la imagen de un perro que podría significar fidelidad, compañía y amor. Para alguien que tiene miedo a los perros, esto puede significar algo temeroso o negativo. Lo que en un contexto puede significar una cosa para una persona, puede significar algo totalmente distinto para otra. Por eso es bueno depender de la guía del Espíritu Santo cuando interpretamos sueños e imágenes.

Dios habla mediante nuestros sentimientos y deseos

> Guárdalas [las palabras de Dios] en medio de tu corazón.
> — PROVERBIOS 4:21b

A menudo Dios habla mediante impulsos, sentimientos y deseos. Por ejemplo, cuando yo era adolescente, de repente sentí que tenía que visitar mi lugar de trabajo un viernes por la noche para hablar con mi compañera de trabajo. Cuando llegué, le dije: "Dios dice que no importa el lío en el que estés metida. Él quiere ayudarte a salir". Ella respondió: "Chico, ¡estoy en un buen lío!". Al día siguiente descubrí que había estado en el proceso de robar miles de dólares a nuestro jefe esa misma noche.

Otro día sentí que tenía que llamar a un buen amigo mío de Bolivia con el que no había hablado en más de tres años. Mi llamada telefónica duró unos sesenta segundos, y en esa conversación le dije: "Dios quiere que empieces una nueva iglesia". Él acababa de preguntar a Dios si tenía que empezar una nueva iglesia. La iglesia que resultó de esto va muy bien.[3]

Al ministrar proféticamente, a menudo me siento atraído hacia las personas como si una cuerda invisible me empujara en su dirección. En ese momento sé que tengo que hablar o hacer algo por esa persona. Tampoco es extraño para mí enviar a amigos en Facebook un mensaje de ánimo cuando me veo impulsado a ello. A veces recibo una respuesta diciendo algo parecido a: "¿Cómo sabías que tenías que enviarme esto? Dios me dio el mismo versículo ayer en mi tiempo de oración".

Personas a las que di entrenamiento en Ámsterdam estaban practicando enviar mensajes de voz alentadores a personas que conocían. Por alguna razón, llamaron a alguien a quien no conocían muy bien. La persona respondió una hora después y dijo que cuando ellos llamaron, estaba a punto de suicidarse. El mensaje de ellos literalmente salvó su vida. Ahora sabía que Dios se interesaba por ella y que era importante para Él. Nunca subestimes el poder de una palabra de ánimo, porque el poder de la vida y de la muerte está en nuestras palabras (ver Proverbios 18:21).

Características de la voz de Dios

> Ellas [las palabras de Dios] dan vida a quienes las hallan; son la salud del cuerpo.
> – PROVERBIOS 4:22 (NVI)

A menudo, las personas me preguntan cómo probar si una palabra profética es de Dios. Una de las mejores maneras es simplemente establecer si la palabra anima, fortalece y consuela. Durante mi primer año en Holanda luché contra el desánimo. En más de una ocasión, algún amigo me envió un correo electrónico que detallaba un sueño que había tenido o simplemente una oración alentadora diciendo que Dios estaba obrando para bien. Esas pequeñas notas y correos me daban vida y ánimo. Me ayudaron a pasar por un tiempo difícil.

En una iglesia en Tulsa (Oklahoma), alguien que iba a la iglesia por primera vez se sorprendió cuando le di un mensaje de Dios verdadero. Su respuesta fue: "Dios me acaba de hablar. Nunca me había sucedido esto". Al año siguiente me alegré mucho de encontrarlo a él y a toda su familia como miembros fieles de esa iglesia. Escuchar la voz de Dios es transformador.

Una estudiante estadounidense fue de visita corta Ámsterdam. Le dije: "Dios dice que Europa te da la bienvenida". La semana siguiente llegó a Londres, pero al llegar le negaron la entrada a Europa porque no tenía el visado correcto. Le llevaron a una habitación donde le hicieron esperar, y ella comenzó a tomar la palabra que yo le había dado y a repetirla: "Europa me da la bienvenida. Soy bienvenida a Europa".

Pocos minutos después, un oficial de inmigración inglés entró y dijo: "Usted no tiene el visado correcto, pero le vamos a permitir entrar en Inglaterra. Bienvenida a Europa".

Las palabras proféticas alentadoras nos ayudan a ganar las batallas duras de la vida. Son como armas que nos ayudan a soportar los tiempos difíciles. Al igual que Pablo le dijo a Timoteo: "Este mandamiento, hijo Timoteo, te encargo, para que conforme a las profecías que se hicieron antes en cuanto a ti, milites por ellas la buena milicia" (1 Timoteo 1:18).

Otra manera de discernir la voz de Dios es escuchando la textura o actitud que hay detrás del mensaje que estás recibiendo.

Juan 10:3-5 dice que Jesús va delante de nosotros y nos dirige, llamándonos por nombre. Dice que las ovejas no siguen la voz de un extraño porque reconocen la voz de su pastor. Si se da un mensaje profético sin amor y de una manera llena de condenación, probablemente no es de Dios. Juan no escribe que el buen pastor golpea a sus ovejas, sino que camina delante de ellas y les llama por nombre. Dios no destruye a las personas con sus palabras, sino que habla vida y luz donde hay muerte y oscuridad.

PROFETIZA – *¡SOLO HAZLO!*

La mejor forma de aprender a nadar es nadando. La mejor manera de aprender a tocar un instrumento es tocando un instrumento. A partir de ahora, cada capítulo tiene ejercicios para activar y fortalecer tu habilidad para profetizar. Puedes hacer estos ejercicios de forma individual o en grupo. Dedica un momento a relajarte y elevar tus antenas espirituales. Prueba uno o más de estos ejercicios a solas o en grupo. Después de los ejercicios, asegúrate de dedicar un tiempo a recibir comentarios.

Los comentarios son vitales: serás capaz de probar tu fluir profético y ver dónde eres preciso y dónde puede que seas menos preciso. A menudo podemos decir cosas y no tener idea de lo que significan para la persona a la que estamos hablando. Por eso, recibir comentarios es muy importante para desarrollar un ministerio profético que sea responsable y transparente.

EJERCICIO 1
Profetiza usando el Salmo 23 (individual/grupo)
Abre la Biblia y lee el Salmo 23. Lee cada versículo dos veces y después comienza a darle gracias a Dios por lo que está escrito en ese versículo. Después de orar a Dios, habla contigo mismo como si Dios te estuviera hablando a través de las palabras en la Biblia. Por ejemplo, el versículo 1 podría llevarte a decir: "Hijo mío, yo soy tu pastor. Te amo y te estoy cuidando. Te tomaré y te guiaré por donde quiero que vayas y me ocuparé de todas tus necesidades. Así como un pastor cuida de sus ovejas, yo cuido de ti". Haz esto con los seis versículos del Salmo 23.

EJERCICIO 2
Escribir las respuestas de Dios (individual)
Antes de comenzar, asegúrate de estar cómodamente sentado y esperando experimentar que Dios te hable. Comienza simplemente diciendo algo como esto: "Dios, te amo". Después escucha lo que Él te responde. Haz preguntas a Dios del tipo: "Dios, ¿qué piensas de mí?", "Dios, ¿qué quieres decirme?". Escribe lo que crees que Dios podría estar diciéndote. Vincula lo que has escrito con historias bíblicas, versículos o canciones de adoración. Siéntete libre no solo para escribir, y si quieres, dibuja lo que experimentas y plásmalo en papel.

Jesús dijo que si pedimos pan, Él no nos daría una piedra (ver Mateo 7:9). Por lo tanto, cualquier cosa que sientas, escríbelo y después puedes probarlo usando las Escrituras. Si te resulta difícil comenzar, escribe un versículo como hiciste en el ejercicio 1 que pueda ser importante para ti y después continúa escribiendo lo que Dios podría decirte a través de esas palabras.

EJERCICIO 3
Escribe una carta a Dios (individual/grupo)

Una buena definición de oración es decirle a Dios lo que Él nos dijo que le dijéramos. Sí, ¡siéntete libre para leer otra vez esa frase! La oración es una conversación con Dios en ambas direcciones. A menudo, cometemos el error de orar sin escuchar primero. Cálmate y escucha lo que Dios quizá quiere decirte. Escribe tu oración a Dios, comenzando con agradecimiento y adoración antes de lanzar tu "lista" de necesidades. Si no sabes lo que Dios quiere decirte, tienes toda una Biblia llena de palabras de Dios donde encontrar inspiración; puede que Dios te traiga a la mente un versículo o una historia de la Biblia. Escribe hasta que no puedas escribir más.

EJERCICIO 4
Escribe una carta de Dios (individual/grupo)

Escribe una carta de Dios para ti. Comienza la carta con las palabras: "Querido hijo/hija", y continúa escribiendo lo que sientas que Dios quiere decirte a ti o a otra persona. Puedes firmar la carta con las palabras: "de tu Papá Dios celestial".

A veces Dios no nos habla con frases completas, sino que deja palabras o imágenes en nuestro corazón. Quizá quieras escribir cinco o diez palabras sinceras y usarlas para escribir una carta de

Dios para ti mismo o para otra persona. Si quieres, puedes usar esas palabras para escribir un poema o una canción.

Si estás haciendo esto como grupo, que todos escriban una carta de Dios para otra persona del grupo sin saber para quién es. Después, repartan las cartas al azar a diferentes personas del grupo. Vean cómo Dios habla a las personas a través de este ejercicio. Recuerda que todas las palabras de Dios deben ser para fortalecer, animar y consolar.

Después de leer las cartas, que todos en el grupo compartan lo que las cartas significaron para ellos. Según te vayas sintiendo más cómodo con este ejercicio, siéntete libre para hacer esto con amigos e incluso desconocidos en las redes sociales como Instagram, Facebook o WhatsApp. Todos estamos aprendiendo a animarnos unos a otros mientras salimos de nuestras zonas cómodas para dar un mensaje de Dios a otra persona.

EJERCICIO 5

Da un paseo con Dios (individual)

En Génesis 3:8 Dios está caminando por el jardín del Edén, anhelando hablar a Adán y Eva. Una manera estupenda de experimentar la presencia de Dios es dando un paseo con Él en la naturaleza (Salmos 19:1). No tengas prisa, y disfruta dando un paseo por un bosque o caminando por una playa. Habla con Dios y escucha lo que quizá Él quiera decirte a través de lo que ves.

EJERCICIO 6
Cantar una profecía (individual/grupo)
Canta una canción a Dios y después canta una canción como si Dios te la estuviera cantando a ti o a otras personas presentes en la sala. Esto puede conducir a que se escriban nuevas canciones. A menudo, se libera una gran autoridad con la música profética.

El rey David era un salmista profético. Los líderes de alabanza con un fuerte don profético deberían liberar canciones proféticamente. En su ministerio, mi hermano ha visto manifestaciones poderosas de la presencia de Dios cuando alguien comienza a profetizar mediante el canto. Los demonios comienzan a manifestarse, y personas son hechas libres. ¡La adoración profética es poderosa!

EJERCICIO 7
Haz un acto o movimiento profético (grupo)
Que una persona se levante y use un movimiento para profetizar. Posibles movimientos podrían ser: hacer que se den la vuelta, poner una corona sobre su cabeza, levantar sus manos, pisar fuerte en el piso, dar palmadas con las manos, lavar pies o arrodillarse. Uno de los actos proféticos más poderosos es sencillamente dar un abrazo a alguien de forma apropiada para que pueda experimentar el abrazo de su Padre celestial.

La Biblia está llena de actos proféticos que los profetas hacían para ilustrar lo que Dios iba a hacer. Ezequiel hizo un agujero en el muro de la ciudad (ver Ezequiel 12:5). Oseas se casó con Gomer, una prostituta infiel, a quien seguía pidiendo que volviera a casa (ver Oseas 1:2-3). Jesús lavó los pies de sus discípulos, y sopló sobre ellos para que recibieran el Espíritu Santo (ver Juan 13:1-7; 20:22). Tomar la Santa Cena es uno de los actos proféticos más poderosos que existen. Hay un gran poder en los actos proféticos.

CAPÍTULO 2
Claves

> Así que, quisiera que todos vosotros hablaseis en lenguas, pero más que profetizaseis.
> — 1 CORINTIOS 14:5a

> Jehová está en medio de ti, poderoso, él salvará; se gozará sobre ti con alegría, callará de amor, se regocijará sobre ti con cánticos.
> — SOFONÍAS 3:17

La profecía es algo más que oír la voz de Dios, es declarar sus palabras. Significa que le dices a alguien lo que crees que Dios quiere decirle a esa persona.

Cuando nació mi hija Hannah, su mamá había pedido tanta sangre que no podía sostenerla en sus brazos. Mi pequeñita salió llorando a todo pulmón, como suelen hacer todos los bebés recién nacidos. Cuando las enfermeras me la entregaron, comencé a cantar el canto que mi papá me cantaba a mí: "Te amo Hannah. Te amo Hannah, sí, te amo. Sí, te amo. Ella es muy especial. Ella es muy especial. Sí, lo es. Sí, lo es".

En cuanto escuchó mi voz, dejó de llorar porque reconoció la voz de su papá cantándole. Yo le había cantado y hablado cuando estaba en el vientre de su madre.

Cuando nuestro hijo menor Benjamín era un bebé, había veces en las que dejaba de llorar cuando su hermana mayor Hannah le cantaba: "Te amo Benjamín. Te amo Benjamín. Sí, te amo. Sí, te amo. Él es muy especial. Él es muy especial. Sí, lo es".

Esta es una imagen maravillosa de lo que Dios quiere que compartamos con las personas. Cuando profetizamos, declaramos las palabras de Dios. Estamos cantando el canto de amor a otros; el único Dios nos canta continuamente.

Mi mensaje es el mismo en todos los sitios. Cada semana cuando vamos a los ventanales del Barrio Rojo de Ámsterdam, les decimos a las mujeres: "Dios te ama y tiene buenos planes de esperanza y de un futuro para ti. Eres valiosa. Dios quiere que vivas la experiencia de ser su hija amada. Dios quiere cantarte su amor". Este es un mensaje universal. Dios desea que todos lleguen a conocerlo a Él como su fuente verdadera de vida. La profecía tiene la intención de ser una bendición para todo el mundo, un reflejo del corazón amoroso de Dios.

En Números 11:24-30 leemos una historia de setenta ancianos de Israel que comenzaron a profetizar cuando el Espíritu Santo descendió sobre ellos. Todos profetizaron en la tienda asignada donde se reunirían con Moisés, salvo Eldad y Medad. Ellos se quedaron en sus casas. Para asombro de Josué, estos dos ancianos estaban profetizado libremente en el lugar equivocado, y exigió que Moisés los silenciara de inmediato. Moisés respondió de forma inesperada diciendo a Josué: "¿Tienes tú celos por mí? Ojalá todo el pueblo de Jehová fuese profeta, y que Jehová pusiera su espíritu sobre ellos" (Números 15:29).

Este asombroso relato es un anticipo del día de Pentecostés, en el que Dios derramaría su Espíritu sobre toda carne. Pero la historia continúa: también tiene una clave escondida muy importante en los nombres de Eldad y Medad. El nombre de Eldad significa "Dios ha amado", y el nombre de Medad significa "Amor".[4] En otras palabras: dondequiera y cuando quiera que profeticemos, debemos profetizar en amor. Profetizar sin amor no tiene sentido.

Pablo deja esto muy claro en 1 Corintios 13 cuando dice: "Si yo hablase lenguas humanas y angélicas, y no tengo amor, vengo a ser como metal que resuena, o címbalo que retiñe. Y si tuviese profecía, y entendiese todos los misterios y toda ciencia, y si tuviese toda la fe, de tal manera que trasladase los montes, y no tengo amor, nada soy. Y si repartiese todos mis bienes para dar de comer a los pobres, y si entregase mi cuerpo para ser quemado, y no tengo amor, de nada me sirve" (1 Corintios 13:1-3).

En enero de 2016 uno de mis mejores amigos aprendió que la profecía se trata del amor de Dios. Llevé a un equipo ministerial holandés para realizar una conferencia de jóvenes profética en Budapest (Hungría). Mi amigo se unió. Él viene de un trasfondo cristiano tradicional donde había oído muy poco sobre profetizar. Cuando le dije que él iba a profetizar, me dijo que iba a observarme y a aprender pero que de ningún modo estaba listo para profetizar.

Al final de la primera reunión, cincuenta personas hicieron fila para recibir ministerio profético. Yo estaba allí de pie con un intérprete. Mi amigo estaba en el otro lado mirando y escuchando mientras yo profetizaba sobre el primer individuo. Entonces simplemente me alejé y lo dejé a él allí con una fila de personas esperando recibir una palabra de Dios.

Él comenzó a profetizar sobre todas esas personas, y después me dijo: "Matthew, fue muy fácil. Lo único que tuve que hacer fue amar a esas personas como Dios me ama a mí. ¡Fue muy fácil y maravilloso!". Yo sabía que él ya estaba lleno de amor, de las Escrituras y del Espíritu de Dios. Para él, profetizar sería muy fácil y natural.

Por lo tanto, ¿cómo nos podemos alinear con el amor de Dios, y compartirlo con las personas que nos rodean? ¿Cuáles son los factores clave para profetizar bien?

Desea más la presencia de Dios que sus regalos

Hace algunos años atrás yo estaba totalmente despierto en la cama a las 2:00 de la mañana. Estaba en Chicago para un mes, sufriendo con el cambio de horario y extrañando realmente a mi esposa y mis hijos. De repente me vino el siguiente pensamiento: "Yo extraño a mi familia y quiero estar con ellos, pero voy a enfocar mis pensamientos en Dios. Sí, Dios, te quiero. Realmente quiero verte y experimentarte ahora. Te anhelo". Ese mes cambió mi vida. Experimenté a Dios profundamente al poner mi deseo en Él. Aprendí que la clave para crecer en la profecía es buscar la presencia de Dios más que sus regalos.

Una vez conducía por la carretera I-44 hacia Oklahoma City. Puse música de adoración y de repente sentí que Dios estaba ahí. Jesús estaba en el automóvil conmigo, y podía sentirlo. ¡Su presencia es maravillosa! Durante ese mes en Chicago organicé dos días de oración y ayuno donde enseñé y profeticé a personas durante horas. Sin embargo, profetizar no fue lo más significativo; fue experimentar la presencia de Dios.

Más adelante ese mismo año en Madill (Oklahoma) organicé otro día de adoración y ayuno, y de nuevo se mostró la presencia manifiesta de Dios. Un silencio divino cubrió el santuario de la iglesia. Sabíamos que Dios estaba en la sala de una forma tangible. Nadie tuvo que decir nada, porque Dios estaba allí.

No *necesitamos* sentir la presencia de Dios porque caminamos por fe y no por lo que sentimos (2 Corintios 5:7). Sin embargo, *podemos* sentir y experimentar a Dios, y es una gran bendición. Esta es la razón por la que una vez ofrecí a unos turistas que buscaban drogas en Ámsterdam "algo realmente bueno". Les dije que lo que yo tenía era de lo mejor. Cuando les expliqué que era conocer a Jesús se burlaron de mí, pero me dijeron que era un buen vendedor. Lo que no entendieron fue que mi oferta era completamente verdad. ¡No hay nada mejor que conocer a Jesús!

También he experimentado la presencia de Dios y he aprendido a discernir su presencia en momentos menos espectaculares y más cotidianos. Puedo verlo a Él en la naturaleza, en mis hijos y en muchos otros lugares que podrían parecer poco importantes o poco espirituales. En definitiva, entiendo las palabras de David cuando dice:

> Una cosa he demandado a Jehová, ésta buscaré; que esté yo en la casa de Jehová todos los días de mi vida, para contemplar la hermosura de Jehová.
> — SALMOS 27:4

Si seguimos a Dios porque queremos *cosas* de Él, podríamos estar en problemas. Simón el mago ofreció dinero a Pedro para poder imponer manos sobre las personas a fin de que fueran llenas del Espíritu Santo. Pedro lo reprendió duramente (ver Hechos 8:20-25). No buscamos primeramente los regalos de Dios, sino que buscamos a Dios. Cuando Dios llena nuestras vidas con su presencia, los regalos de su Espíritu (como sanidad, profecía y lenguas) se convierten en algo normal y natural, pero su presencia es el mayor regalo que podamos tener jamás.

No dejes que tu casa se incline

El centro de la ciudad de Ámsterdam está lleno de edificios históricos pintorescos, muchos de los cuales se construyeron en el siglo XVII o XVIII. Aunque son bonitos, muchos de ellos tienen grietas y están inclinados. El terreno blando de Ámsterdam hace que los edificios se inclinen si no están edificados sobre postes excavados muy profundos. Sin ese cimiento, los edificios se caerán, provocando posibles muertes y destrucción. Del mismo modo, los dones ministeriales o la unción necesitan el cimiento de la integridad y desarrollar un carácter como el de Cristo. Sin ello comenzarán a inclinarse, llevando a la destrucción.

Algunos individuos que han tenido ministerios poderosos han aparecido y desaparecido como estrellas fugaces. Es bueno desarrollar una unción o unos dones fuertes, pero aprende a mantener tus ojos enfocados en el cielo con tus pies sólidamente plantados en la tierra. Tu carácter tiene que ser capaz de sostener tu ministerio. Sé honesto, paga tus facturas, sé responsable, y trata a tus amigos y familiares con amabilidad.

Si quieres crecer en el ministerio sobrenatural, no te puedes aislar. Ten amigos que te digan la *verdad*, a pesar de lo mucho que Dios te use. Ten personas en tu vida con las que puedas ser transparente y que puedan ayudarte cuando lo necesites. Muchas personas que tienen un fuerte don profético pueden estar luchando con la depresión y el desánimo. Yo nunca me he sentido solo porque he tenido intencionalmente relaciones donde rendir cuentas mutuamente con grandes amigos. Ellos cuidan de mí por lo que soy y no por lo que puedo hacer. Es vital crear estructuras para rendir cuentas y cultivar relaciones con personas que puedan orar, escucharte y aconsejarte.

Además, ten mucho cuidado de con quién te involucras románticamente. La historia de la Iglesia está llena de ejemplos de cristianos que se involucraron románticamente con alguien que finalmente acabó con su deseo de servir a Dios y usar sus dones espirituales. Es mejor estar solo que casarse con la persona equivocada. Tomar este consejo puede ahorrarte muchos sufrimientos.

Te volverás como la persona con la que más tiempo pases, así que asegúrate de encontrar personas que puedan hacer de ti alguien mejor y más fuerte. Mi mayor éxito en la vida fue casarme con Femke. Ella es una mujer que de manera constante mediante su amor, fe y devoción hace que yo sea un mejor esposo, padre, ministro y persona.

Otro rasgo de carácter clave para esforzarnos en desarrollar es la humildad. Moisés y Jesús son los mejores modelos de ministerio profético eficaz, y ambos eran humildes. Jesús dijo: "aprended de mí, que soy manso y humilde de corazón; y hallaréis descanso para vuestras almas" (ver Mateo 12:29). Nosotros reflejamos a Jesús, y Él es "manso y humilde de corazón". Cuando miramos a Jesús, vemos a nuestro Padre celestial (ver Juan 14:9). ¡Jesús es la selfie de Dios Padre! Como seguidores de Jesús, debemos ser capaces de decir a otros: "Sed imitadores de mí, así como yo de Cristo" (1 Corintios 11:1). Cuando soy orgulloso, rudo o arrogante, no lo estoy reflejando a Él.

A menudo, cuando entro a una nueva iglesia, sigo literalmente el ejemplo que Jesús nos dio: lavo los pies del líder presente. Modelar el verdadero ministerio profético es servir a los líderes de la iglesia local. Estamos aquí para servir al cuerpo y no para imponer nuestra voluntad sobre la de otros. Los mayores profetas de la Biblia eran humildes, y ese es nuestro estándar.

Jonathan Edwards una vez dio una descripción maravillosa de cómo se ven el orgullo y la humildad. Puso a los dos como polos opuestos uno enfrente del otro. La tabla aquí ilustra lo que son el orgullo y la humildad.[5]

El orgullo es…	La humildad es…
ser dirigido por el vacío o el temor.	estar contento.
ser irrespetuoso con las personas que piensan o actúan diferente a ti.	ser amable, amigable y respetuoso incluso con las personas que son diferentes a ti.
no saber aprender, pensar que lo sé todo.	saber aprender y ser corregible.
ser inseguro.	estar seguro.
destructivo.	dar vida.

Ora en lenguas a menudo

Orar o hablar en lenguas (también llamado orar en el Espíritu) es una forma fantástica de prepararse para el ministerio profético y de sanidad. Es una manera de estimular el don de Dios dentro de ti (ver 2 Timoteo 1:6). Conozco a muchos profetas y evangelistas de sanidad que regularmente pasan muchas horas orando en lenguas (ver 1 Corintios 14:15). Esto puede ayudarte a poner en marcha el fluir profético.

Permíteme explicar esto brevemente. Pablo dijo que quería que todos orasen en lenguas, pero que deseaba más que profetizasen (1 Corintios 14:5). Orar en lenguas o en el Espíritu significa orar a Dios en un lenguaje humano desconocido (1 Corintios 14:2). Es una forma de edificarse a uno mismo (Judas 1:20). Es también una parte vital de la armadura de Dios (Efesios 6:18). Aunque puede haber momentos en los que una persona puede literalmente estar hablando en otro lenguaje humano desconocido para Él o para ella (ver Hechos 2:1-12), la mayoría de las veces una persona estará emitiendo sonidos y sílabas que no tienen sentido para la mente humana. Pablo describe esto como orar misterios mediante el Espíritu (1 Corintios 14:2).

No oramos en lenguas o profetizamos desde nuestro propio pensamiento, sino desde nuestro espíritu. Nuestro espíritu conoce nuestros pensamientos y el Espíritu Santo conoce los pensamientos de Dios. Cuando el Espíritu Santo vive en nosotros, entonces podemos recibir los pensamientos y la mente de Cristo (1 Corintios 2:6-16) Para la mente secular, esto parece necedad (1 Corintios 2:14). Podemos conectar con el Espíritu de Dios que vive en nosotros cuando le permitimos hablar a través nuestro, mediante un mensaje en lenguas o profético. Es como un río de agua viva que fluye de nuestro interior hacia otros (Juan 7:37-39).

Yo crecí orando en lenguas en mi familia. Siempre que mi papá viajaba a otro país para realizar servicios de sanidad, pasaba un día ayunando y orando en un hotel. Oraba en lenguas todo el día. Eso le edificaba, pero también le ayudaba a ministrar en los días siguientes. Orar en lenguas es una herramienta poderosa para el ministerio.

Si quieres comenzar a hablar en lenguas, pide a Dios este don. Él no te dará una piedra, un escorpión o una serpiente si le pides un trozo de pan, un huevo o pescado (Lucas 11:9-13). Él es un padre bueno y generoso. Como profetizar, la parte más difícil de hablar en lenguas es comenzar. Pídele a Dios que te llene y limpie con su Espíritu Santo. Después, por fe, comienza a hablar en una nueva lengua. Para algunos, esto puede que sea solamente una o dos nuevas sílabas. Así como un bebé que está aprendiendo un lenguaje nuevo, puede que solo repitas dos o más palabras. Cuanto más lo hagas, más crecerá.[6]

Algunas personas que conozco han comenzado a hablar en lenguas en su casa mientras estaban sentados en el sofá o tumbados en su cama. Carol Wimber cuenta una historia única y divertida de cómo comenzó a hablar en lenguas. En un sueño, ella estaba dando un mensaje de siete puntos sobre por qué hablar en lenguas ya no es para hoy. Se despertó hablando en lenguas. Dios fue más allá de su entendimiento a través de su espíritu y ella comenzó a orar en el Espíritu.[7]

Todo creyente que quiera que este don se active en su vida puede recibirlo. Para muchos, es útil que alguien ore por ellos, imponga sus manos y le bendiga. No tengas miedo o te pongas tenso sino relájate. Abre tu boca y Dios la llenará (Salmos 81:10).

Orar en el Espíritu no es necesariamente para salvación u obtener aceptación por parte de Dios. No hace que una persona sea un creyente superior. Simplemente es otro don de Dios para capacitarnos para hacer su obra y ser sus testigos (Hechos 1:8). Como los creyentes efesios, muchos creyentes no son conscientes de que estos dones están disponibles para todo aquel que los pida. Hablar en lenguas y profetizar son el resultado normal de ser lleno del Espíritu Santo (Hechos 19:1-7).

He visto a personas que comienzan a hablar en lenguas o empiezan a profetizar, pero después se detienen debido al temor.

Tienen miedo de ser ellos mismos los que están haciendo los sonidos y diciendo las cosas, pero puedes continuar orando en el Espíritu y confiando en Dios que esos sonidos no son tuyos. Confía en que el Espíritu Santo está orando a través de ti según la voluntad de Dios (Romanos 8:26-27).

Una mujer me dijo: "Entonces estás diciendo que debería abrir mi boca y decir tonterías, que por fe debería hablar como un bebé". Aunque eso puede sonar algo simplista, mi respuesta fue que sí. Abrimos nuestra boca y confiamos en que las palabras que decimos es el Espíritu dándonos un nuevo lenguaje de oración.

Dios nunca nos obligará a profetizar o hablar en una nueva lengua. Yo soy el que decide cuándo abro mi boca y oro en lenguas o doy una palabra profética. Si esperas a que Dios venga y te fuerce a hablar en lenguas o a profetizar, probablemente no hagas ninguna de las dos cosas. Pídeselo a Dios, y por fe recibe y libera este don espiritual.

Cuando ores en lenguas, pídele también a Dios interpretar lo que estás orando (Corintios 14:15). A menudo cuando estoy orando en lenguas, cambio a un lenguaje conocido y cosas maravillosas pueden salir de mi boca.

Relájate y no seas raro

Cierra fuertemente la mano derecha y verás lo difícil que es meter un dedo de tu mano izquierda en esa mano. Ahora relájate y abre tu mano derecha, y verás lo fácil que es poner los dedos de tu mano izquierda en tu mano derecha. Si quieres oír la voz de Dios claramente, *relájate* y está *tranquilo*. Esto hace que para Dios sea más fácil hablarnos y guiarnos cuando profetizamos. Confiar en Dios y estar relajado cuando profetizamos es beneficioso para todo aquel que da y escucha una palabra profética.

Una palabra de Dios no se tiene que dar necesariamente con una carga emocional o con el lenguaje de la versión Reina Valera. Cuando empiezas a fluir proféticamente, los pensamientos de Dios serán como tus propios pensamientos. La única forma de descubrir si son de Él es decir lo que estás viendo, pensando o sintiendo, y después preguntar si lo que estás diciendo tiene sentido.

Me preocupan personas que conozco que se han apartado de la profecía y los dones espirituales porque vieron a algunas personas actuar de forma extravagante y rara. Si Dios es mi Padre, entonces es normal que me hable. Yo no hablo a mis hijos con el lenguaje de la Reina Valera y me pongo raro hasta el punto de darles miedo (a menos que esté jugando con ellos). Por eso, podemos hablar con personas como si estuviéramos conversando y compartir lo que sentimos que Dios está diciendo.

Un día entré en la clase de preescolar de mi hijo y vi una imagen para la maestra. Escribí una nota de ánimo y describí lo que vi. Al día siguiente, vi la nota puesta en la pared. Yo no escribí: "Así dice el Señor…". Tan solo le animé con las palabras que sentí que Dios quería hablarle. Ella lo apreció tanto que lo puso para que todos pudieran ver lo que yo había escrito. El ministerio profético no es solo para el contexto de una iglesia, sino para la vida diaria "normal". Se puede hacer fácilmente de forma cotidiana.

Fluye como una caja de pañuelos de papel

Cuando ores por una persona, quizá recibes una imagen, palabra, versículo, impresión o quizá absolutamente nada, pero cuando comiences a orar por fe, las palabras puede que empiecen a fluir de tu boca como un río de agua viva. Cuando digas ese versículo o imagen, puede que lleguen más. Tal vez la presa se rompa y un fluir profético empiece a brotar.

Como un pañuelo en una caja de pañuelos de papel, cuando sacas uno salen más. Cuando empiezas a declarar palabras de vida pueden llegar más. Muchas veces cuando comienzo a profetizar, no sé lo que voy a decir, pero confío en que cuando abra mi boca Dios la llenará (ver Salmos 81:10).

Un día, mi esposa estaba profetizando a una hija y a su madre. Femke de repente oyó canciones e imágenes de la infancia de la hija. Cuando empezó a decirles lo que vio y oyó, las dos comenzaron a llorar. Eran recuerdos muy queridos que debido a eventos traumáticos habían olvidado. Ahora los recuerdos comenzaron a volver.

El temor nos impedirá profetizar. Queremos estar en control y saber todo lo que vamos a decir antes de tiempo para no equivocarnos. Casi cada vez que entreno a grupos en el ministerio profético, alguien se paraliza y dice algo parecido a esto: "No puedo hacer esto. Es demasiado difícil" o "Quiero que sea Dios y no yo".

Cuando se trata de fe, Dios no da necesariamente ese tipo de certidumbre. Profetizar a menudo significa decir palabras y no saber lo que voy a decir. Es como el paso que los sacerdotes tenían que dar cuando el pueblo de Israel cruzó el río Jordán después de vagar por el desierto durante cuarenta años. Al cruzar el Jordán, los sacerdotes tuvieron que adentrarse en las peligrosas y profundas aguas del río. Solo cuando sus pies tocaron el agua, el río comenzó a detenerse (Josué 3:13-16). Dios hablará a través de tus labios cuando abras tu boca, y no antes.

Dos palabras hebreas para profetizar tienen que ver con fluir como el agua. La primera es *nataph*, que significa rezumar, destilar gradualmente, caer en gotas o hablar con inspiración. Esta es una bonita imagen de cómo durante la adoración o la oración, pensamientos e imágenes pueden caer como lluvia en nuestro espíritu.

La segunda palabra para profecía es *naba*. Tiene el sentido de "borbotear" o "brotar rápidamente, fluir, verter o brotar a borbotones".[8] Es como un río de inspiración que fluye de nuestro espíritu cuando profetizamos (ver Juan 4:14; 7:38-39). A menudo, cuando comienzo por primera vez a entrenar a personas en el ministerio profético, se muestran reticentes e inseguros. A medida que crecen, sin embargo, se puede desarrollar un fuerte fluir profético estable.

Yo profetizo rápidamente, pero hay muchos estilos de profetas y muchas maneras de profetizar. La tarea que tienes es conectar con Dios y discernir cómo te habla Dios a ti y a través de ti. La mejor manera de desarrollarlo es junto a profetas experimentados y otras personas que están aprendiendo a profetizar.

A veces, cuando estoy profetizando me siento muy vulnerable. Siento como si estuviera en ropa interior. No conozco a las personas, y no sé lo que debería decirles. Por fortuna, no tengo que saber lo que decir porque profetizo desde mi espíritu y no desde mi intelecto. Una vez que supero los obstáculos de temor iniciales y empiezo a profetizar, me adentro en un río profético donde palabras, imágenes e ideas comienzan a fluir rápidamente. En ese momento, mi mente está llena de los pensamientos de Dios, lo cual me resulta tan natural que es como si fueran mis propios pensamientos.

El reto sigue siendo filtrar esos pensamientos de una manera adecuada: debo comunicar esas palabras de una forma que fortalezca, aliente y consuele a alguien. También debería declarar el mensaje de una forma entendible. Es aquí donde desarrollar la habilidad de profetizar entra en juego. Así como alguien puede crecer en su habilidad de enseñar, puede crecer en su habilidad para profetizar. Parte de esto conlleva usar una buena "hermenéutica profética".

Uso de la hermenéutica profética

Hermenéutica es el término que usan los teólogos para explicar el proceso de interpretar la Biblia. Los tres pasos usados para entender las Escrituras son también los mismos pasos usados para "abrir" la profecía: Revelación, Interpretación y Aplicación. Los tres son esenciales: una revelación correcta con la interpretación o aplicación incorrecta llevará a resultados erróneos. Una revelación correcta y una interpretación correcta con la aplicación incorrecta llevará a la frustración.

Una vez me senté en un auto con un amigo que me dijo que su hija quería ir a otro país, pero estaba teniendo problemas para conseguir un visado. Cuando la vi minutos más tarde, vi una luz verde y un águila volando alto. No le pedí al Señor una explicación, sino que inmediatamente le di mi propia interpretación. Le dije que iba a conseguir el visado y a viajar a esa nación, pero estaba equivocado. Poco después, le negaron el visado y se desanimó mucho. Tuve que disculparme con ella, y por fortuna me perdonó. Esto también ilustra por qué prefiero no saber nada acerca de una persona antes de profetizarle para no confundir lo que sé con lo que siento que Dios está hablando sobre ella en ese momento.

Una *revelación* puede ser una imagen o versículo, del cual puede que no tengas ni idea del significado, pero al comenzar a abrir la revelación (con un versículo, una imagen o sueño), el Espíritu Santo puede darte la interpretación y posiblemente también la aplicación.

Hace años atrás, mientras profetizaba a una mujer, Dios comenzó a hacerme notar su cabello. No tenía ni idea de lo que significaba, pero al comenzar a hablar acerca de ella, dije: "Eres una adoradora como la mujer que secó los pies de Jesús con su cabello. Eres una persona que verdaderamente adora al Señor en Espíritu y verdad". Esta palabra demostró ser cierta. Después de la revelación vino la interpretación.

Así como hay muchos recursos útiles para poder interpretar las Escrituras, hay también buenos recursos sobre interpretar sueños y visiones. Sin embargo, la mejor forma de aprender a interpretar una revelación es mediante la oración. Pregúntale a Dios qué quiere decir Él mediante una palabra, imagen o sueño. Escríbelo, y quizá la interpretación se volverá más clara después. No tengas prisa por descubrir lo que significa todo en ese momento.

Recientemente, en una noche donde practicábamos profecía, alguien se acercó a mí con una estrella de un árbol de Navidad, diciendo: "Creo que tú eres como una estrella que personas del Oriente van a buscar para encontrar a Jesús". Lo que él no sabía era que algunos líderes de Europa del Este me acababan de pedir que fuera y les entrenara sobre El evangelismo de poder. Él me dio la revelación, y pude interpretarlo de inmediato y aplicarlo a mi vida.

Puede que a veces recibas una revelación pero no sepas cómo una persona tiene que interpretarla o aplicarla. Una vez, vi a una mujer como una gallina con muchos de sus polluelos alrededor. Le dije esto y después le pregunté qué significaba para ella. Ella respondió: "Trabajo en un centro de cuidado de día, y le he estado pidiendo a Dios si debería seguir trabajando con esos niños. Su imagen fue una respuesta a mi oración". Finalmente, aplicación.

Una vez estaba en Hungría, y le dije a una joven que iba a hacer ministerio profético conmigo. Pensé que esto significaba que ella se uniría a mi equipo de ministerio profético. Ella se convirtió en parte de mi equipo de ministerio profético, pero fue diferente de como yo pensaba: ella fue la persona que organizó la primera conferencia profética de jóvenes en Hungría.

Hace años atrás, le dije a una joven rumana que iba a trabajar en la industria de la moda y que sería un alto gerente para una compañía internacional. Ella no sentía que mis palabras tuvieran que ver con ella, ni con sus ambiciones y deseos. No fue hasta años después mientras trabajaba en la compañía de moda multinacional en Alemania como directora, cuando recordó la palabra profética. Aunque no lo entendió en el momento de recibirlo, realmente sucedió.

Profeticé a una pareja que iban a viajar por toda Europa haciendo evangelismo. En ese momento ellos pensaron que era una palabra para cuando fueran mayores y estuvieran jubilados. Tres años después, construyeron una caravana y han viajado por toda Europa predicando el evangelio. Fue entonces cuando recordaron la palabra que yo les había dado años antes.

En el año 2010 alguien profetizó que Dios iba a usarme como líder en los Estados Unidos. Yo rechacé de inmediato esa palabra porque vivía en los Países Bajos y no tenía intención de vivir en los Estados Unidos. Ese año, pasé cuatro meses en USA y Dios me usó como líder allí. Ahora estoy viendo cómo

Dios me está usando como líder en USA mientras vivo en Ámsterdam.

Usar mal alguna revelación es posible. Estaba en una iglesia una vez cuando profeticé a un hombre que él era un líder y Dios iba a usarlo como un rey para guiar a muchas personas. Ese hombre tomó la palabra profética e intentó dividir la iglesia usando la palabra que le di. El pastor, que es un buen amigo mío, me dijo: "Matthew, todo lo que dijiste acerca de él era cierto, pero usó esa palabra de una manera errónea y en el momento erróneo".

Tenemos que responder a la revelación según el tiempo de Dios. Eso es lo que hizo David. Hubo un lapso de tiempo de unos veinte años entre el momento en que Samuel ungió a David para hacerlo rey de Israel y cuando David realmente fue coronado rey. David no salió de inmediato a matar a Saúl para convertirse en rey en su propia fuerza y tiempo. David es un excelente ejemplo de alguien que conoció y respetó el tiempo de Dios.

Jesús también mostró que seguía el tiempo de Dios: comenzó su ministerio a los treinta años, y solamente duró tres años. Todas las profecías mesiánicas del Antiguo Testamento estaban esperando a cumplirse, y Él las cumplió todas en la ventana de tiempo adecuada.

Dios está más interesado en quiénes somos que en lo que haremos por Él. Una palabra profética puede ser para ahora, para dentro de un año o para dentro de décadas. Por eso no debemos tener demasiada prisa en descalificar una palabra profética que no entendemos. Si no sabes qué hacer con ella, *siempre* puedes permitir que Dios te convierta en la persona mediante la cual hará que esa palabra se cumpla.

Entrega la pizza profética

Cuando profetizas, eres un vocero de Dios. Tu trabajo es similar al de un repartidor de pizza: entregas lo que Dios está diciendo y no fuerzas a la gente aceptarlo. Tú no estarías contento si un repartidor te obligara a comer la pizza cuando él quisiera. Deja espacio para que las personas juzguen la palabra y decidan por ellos mismos lo que harán o no harán con el mensaje. Las personas son responsables de sus propias vidas y deben poder escoger lo que harán o no harán después de recibir una palabra profética.

Otra cosa: nadie quiere comer una pizza entregada en una caja de cartón fría y llena de agujeros y tierra. La caja eliminaría la comestibilidad de la pizza. Del mismo modo, no dejes que tu presentación se interponga en lo que Dios quiere decir a una persona. Presenta un mensaje de Dios de una forma que no se llevará por delante el mensaje mismo. Sé cuidadoso de vestir la ropa apropiada cuando sirves a personas de otras culturas. No expreses tus opiniones políticas cuando profetizas. Usa lenguaje y expresiones que la gente entienda. Evita detalles secundarios o de poca importancia que puedan distraer del mensaje que viene de Dios. Nuestro trabajo es presentar lo mejor posible un mensaje de Dios que la gente pueda entender y digerir.

Busca comentarios

Al igual que un repartidor, mantente abierto a recibir comentarios acerca de cómo se ha entendido o experimentado tu "pizza profética". No te emociones demasiado cuando todo lo que digas sea preciso al cien por ciento, y no te desanimes demasiado cuando no lo sea. Todos estamos aprendiendo en esto, y mantener una comunicación abierta con Dios y con aquellos a los que servimos es crucial para crecer en lo profético.

El influyente maestro bíblico estadounidense Kenneth Hagin estaba orando por un joven y de repente oyó que estas palabras salían de su boca: "Esta es una confirmación de lo que te dije a las tres de la tarde mientras orabas en el refugio contra tornados. Me pediste una confirmación, y aquí la tienes. Este soy Yo hablándote a ti". Después de la reunión le preguntó: "¿Estabas orando en el refugio contra tornados a las tres de la tarde?". Así era. En ese momento estaba pidiéndole a Dios una confirmación de si debería hacerse predicador. Sentía que Dios le dijo en ese momento: "Te daré una confirmación esta noche". Las palabras de Hagin fueron su confirmación.[9]

A menudo pregunto a las personas: "¿Tiene sentido para ti?". De esta forma, yo mismo puedo aprender, pero también no siempre sé el significado de lo que estoy diciendo. No te preocupes de lo profundo o lo impresionante que parezcas.

Algunas de las palabras más sencillas pueden tener un significado importante que quizá desconozcas.

Un día recibí la palabra "galleta" para una mujer. Le pregunté: "¿Qué significa eso?". Ella dijo que el apodo de su abuelo era Galleta y que era un gran hombre de fe. Ella lo quería mucho, y su oración era que su fe continuara en sus hijos. Fue muy significativo para ella que yo comenzara a hablar sin saberlo sobre su abuelo mientras hablaba sobre la fe de ella.

Siempre que ministro proféticamente intento usar una hoja de evaluación donde las personas pueden dejar comentarios sobre el ministerio profético que han recibido de mí o de alguien de mi equipo. En Holanda, por lo general recibo un porcentaje de precisión en las palabras proféticas que le doy a la gente de entre el 60 y el 100 por ciento. Me encantaría decir que soy siempre preciso al cien por ciento en todo lo que digo, pero es bueno siempre sentirme humilde, especialmente si alguien me da un diez por ciento de precisión. Esto me obliga a ser sensible a lo que Dios está diciendo ahora y no basarme solamente en lo que he hecho o he dicho en el pasado.

No te quedes estancado

Has de ser consciente de que la forma en que Dios te está usando hoy puede que no sea la forma en la que escoja usarte mañana. En Éxodo 17:6 Dios le dice a Moisés que golpee una roca para que salga agua. Sin embargo, en Números 20:8-12 le dice a Moisés que hable a una roca. Moisés desobedece y la golpea como había hecho anteriormente. Las estrategias y los métodos ministeriales son buenos, pero no reemplazan nuestra responsabilidad personal de escuchar y obedecer a Dios.

A veces en la calle he recibido un conjunto de palabras precisas de conocimiento para desconocidos. He empezado a sentirme seguro de mí mismo, y entonces la siguiente persona dice que estoy totalmente equivocado. No confíes en tu experiencia previa, tus éxitos o tus fracasos, sino escucha y confía en Dios. Haz lo que sientas que Él te dice que hagas.

En Números 21:4-9 Dios le dice a Moisés que use una serpiente de bronce sobre un palo para sanar a las personas que han recibido la mordedura de serpientes venenosas. Después, en 2 Reyes 18:4 leemos que los israelitas estaban adorando esa serpiente de bronce en lugar de adorar a Dios. La mayoría de las personas que experimentan un mover de Dios proceden a rechazar nuevos movimientos de Dios entre otras personas porque no se parece a lo que ellos han experimentado con Dios. No te quedes estancado y metas a Dios en un molde. Puede que este libro describa cosas que están fuera de tu experiencia ministerial, pero no lo rechaces porque no te resulta familiar. Dios es extremadamente creativo y puede usar otras formas de música, arte y ministerio diferentes a las que estás acostumbrado.

La práctica consigue la perfección

La primera vez que toqué la guitarra, sonó horrible. Ahora, gracias a muchas horas de práctica, puedo dirigir a una iglesia en alabanza y adoración. Cuando empiezas a profetizar por primera vez, puede que no parezca muy seguro, perfecto o fácil. No dejes que eso te impida hacerlo. Sigue aprendiendo, estudiando, viendo, creciendo y desarrollándote en el ministerio profético. Sigue siendo amable, humilde y enseñable y verás que puedes crecer en la profecía. Aprende a oír la voz de Dios y a declarar sus palabras. ¡Profetiza!

Cuando te estanques, usa un trampolín

Los pensamientos de Dios acerca de nosotros superan a los granos de la arena del mar (ver Salmos 139:18). Él es generoso y creativo al hablarnos; sin embargo, puede que haya veces en las que no sepas qué decir, y te quedes totalmente en blanco. La parte más difícil de profetizar es a veces empezar. Agarra cualquier objeto al azar y úsalo como un "trampolín". A veces le pido a una mujer que me dé un objeto al azar de su bolso o uso un número de teléfono, una matrícula o un sueño para profetizar. Lo más importante no es el objeto que uso, sino la capacidad que tiene Dios de hablarnos a través de cualquier cosa.

Dos personas con un fuerte don profético me acompañaron a Budapest para una conferencia. Durante un descanso de tres horas, caminamos por la ciudad y practicamos el profetizarnos unos a otros usando las señales y las cosas que veíamos durante nuestro paseo. Eso les hizo relajarse, y su fluir profético fue mucho más fuerte después de ese ejercicio. Para profetizar se necesita la fe sencilla como la de un niño. Usar un trampolín puede ayudarte si te quedas atascado.

Profetizar juntos

No me gusta desarrollar el ministerio yo solo; me gusta siempre llevar a otros conmigo. Esto tiene un beneficio mutuo, porque la unción espiritual puede ser contagiosa. Me gusta invertir en las vidas de otras personas porque es lo más beneficioso para mí. La mejor forma de crecer en la profecía es profetizando y enseñando a otros a profetizar.

Cuando John Wimber se dio cuenta de que maravillas y prodigios seguían a su ministerio dondequiera que él iba, se vio ante una decisión. Una vez le dijo a su esposa, Carol: "Puedo conseguir una tienda y tener una reunión de avivamiento enorme haciendo esto yo solo, o puedo entregarlo a personas, y equiparlos para que actúen".[10] Escogió lo último, y por ello tuvo un impacto mucho mayor del que hubiera tenido si lo hubiera hecho en solitario.

La profecía y los dones del Espíritu Santo no son solo para personas "especialmente ungidas". Son para todo creyente. A cada lugar donde viajo, siempre intento formar un equipo de personas que ministren conmigo, modelando la estrategia de Jesús y el apóstol Pablo. No te aferres al ministerio tú solo, sino entrega el ministerio en manos de otros creyentes. No perdemos autoridad soltándola a otros, más bien la *ganamos*.

Como dije, la mejor manera de crecer en los dones espirituales es entrenando a otros acerca de cómo usarlos. Yo celebro y me alegro cuando aquellos que están bajo mi mentoría ven milagros y sanidades asombrosas que yo mismo no he visto aún. No se trata de mí, sino de Jesús. Y al igual que Jesús, yo digo regularmente: "Todo lo que yo puedo hacer, tú lo puedes hacer mejor".

Es genial si puedes encontrar un mentor que te ayude a crecer en la profecía, pero si estás en una iglesia o un lugar donde no tienes mentores, no te preocupes. ¡Yo nunca he conocido personalmente a la mayoría de mis mentores! Nunca me he reunido con John Wimber, Oral Roberts, Timothy Keller, Ignacio de Loyola, T. L. Osborn, el apóstol Pedro o el apóstol Pablo. Sin embargo, he leído sus escritos, y me han ayudado a moldear mi vida y ministerio hoy. Lee buenos libros y después busca personas con las que puedas hacer algo más que solo hablar de lo que lees para *hacer* lo que ellos *hicieron*.

Anhela crecer en los dones espirituales no solo hablando de ellos, sino también dando pasos y usándolos. Cuando lleguén a Ámsterdam por primera vez, establecimos reuniones mensuales de oración para hombres en las que simplemente orábamos unos por otros. A menudo, mientras orábamos, Dios hablaba a través de nosotros. Algunos de esos hombres son ahora mis mejores amigos y compañeros en el ministerio. Me han dado muchas palabras valiosas de Dios en muchas ocasiones.

Saca lo mejor de otros

Estaba montando en bicicleta con mi hija después de ver una película de Charlie Brown. Ella me sorprendió diciendo: "Papá, la niña pelirroja es profeta como tú. ¿Verdad, papá?".

Todos en la película *The Peanuts Movie* tienen tendencia a tratar mal al pobre Charlie Brown. Lucy constantemente le quita la pelota cuando él quiere patearla, las personas se burlan de él, y él se siente como un gran perdedor; pero al final de la película, para su propio asombro, la niña pelirroja quiere ser su amiga por correspondencia. Quiere ser su amiga por correspondencia porque él es honesto, divertido, inteligente, sincero y cariñoso. Ella le fortalece, anima y consuela, dejando a Charlie Brown y al espectador con un sentimiento agradable. Mi hija equiparó esta experiencia grata a todas las reuniones que ha tenido con profetas. Los profetas declaran la verdad de Dios en amor y sacan lo mejor de otras personas. El mayor objetivo de un profeta no es profetizar, sino amar a las personas del mismo modo que Dios nos ama. Enfócate en Jesús y en amar a las personas, y profetizar será algo fácil y natural.

PROFETIZA – *¡SOLO HAZLO!*

EJERCICIO 1
Ora en el Espíritu (individual/grupo)
Agradece a Dios que Jesús es el Señor de tu vida y que eres su hijo (Juan 1:12). Dale gracias por su Espíritu y por los dones que ha puesto a tu disposición. Pídele que te limpie y te perdone todos sus pecados. Después pídele que te llene con el Espíritu Santo y te ayude a activar el don de hablar en lenguas. Relájate, y entonces por fe comienza a hablar en un lenguaje que no conoces. Cuando empieces a hablar

en lenguas, espera ver más de sus dones desarrollarse en tu vida. Dedica un tiempo a orar en lenguas, pero también en un lenguaje que conoces.

EJERCICIO 2
Interpreta una lengua (individual/grupo)
Cuando hayas orado en lenguas, pídele a Dios que te dé la interpretación de lo que estás orando. Ora en el Espíritu y después ora en un lenguaje que entiendes. Haz esto para ti y para otros cuando oren en lenguas.

EJERCICIO 3
Obtén una imagen (individual/grupo)
Por fe, pide a Dios una imagen. Esto es tan simple como una imagen que ves con los ojos de tu mente (el ojo de tu imaginación). Cuando veas una imagen, descríbela y después por la fe comienza a compartir lo que crees que Dios podía estar diciendo a través de esa imagen. Sigue las vías proféticas al entregar esa palabra. Una imagen vale más que mil palabras, y por eso a Dios le encanta hablar mediante imágenes. Los sueños, imágenes y visiones que Él me ha dado permanecen conmigo por mucho tiempo. Nunca sabemos cuándo una imagen es simbólica o es una palabra de conocimiento. Mientras profetizaba a un grupo de estudiantes, le dije a una mujer que ella era como una enfermera y que la veía cuidando bebés. Después descubrí que estaba estudiando para ser matrona. Di lo que ves y di lo que crees que significa. Después averigua lo que significa para quien te escucha.

EJERCICIO 4
Profetizar las Escrituras (grupo)
Comienza con un pasaje como el Salmo 139 y haz que los miembros del equipo lean el pasaje y lo usen para comenzar a profetizar sobre la persona que tienen a su lado. También se pueden usar tarjetas con versículos al azar para ayudar a las personas a empezar. Sin embargo, la meta es que los participantes puedan profetizar usando las Escrituras que hay en su propio corazón, no tienen que saber dónde se encuentra el versículo. Tan solo hay que citarlo y declararlo como si Dios estuviera hablando esas mismas palabras a quienes escuchan.

La Biblia es la Palabra de Dios inspirada, y podemos tener un nivel de confianza más alto cuando interpretamos y aplicamos las Escrituras a las vidas de las personas. Me maravillo de la frecuencia con la que Dios habla a través de las Escrituras. Un domingo visité una iglesia. Después de la reunión me acerqué a un hombre y le dije: "Mas el justo vivirá por fe" (Hebreos 10:38). Él me dijo después que durante toda una semana el Señor le había estado hablando a través de ese versículo.

EJERCICIO 5
Acudir al trono de Dios usando Apocalipsis 4 (individual)
Hebreos 4:16 dice que podemos acercarnos al trono de Dios para encontrar misericordia y gracia siempre que lo necesitemos. Gracias a Dios que tenemos toda una detallada descripción del trono de Dios en Apocalipsis 4. Lee este capítulo tres o cuatro veces y después comienza a imaginarte todo lo que lees. Imagínate que eres uno

de los veinticuatro ancianos poniendo tu corona ante el trono de Dios. Quizá quieras postrarte en el piso y adorar a Dios como si estuvieras haciendo lo que ellos están haciendo. Toma las palabras de los ancianos o los cuatro seres vivientes alrededor de su trono y úsalas para adorar a Dios tú mismo. Aprende que puedes acudir al trono de Dios en cualquier momento y en cualquier lugar siempre que necesites ayuda. Usa este pasaje para orar a nuestro Dios que está sentado en el trono.

EJERCICIO 6
Objeto al azar (grupo)

Haz que las personas de tu grupo elijan un objeto al azar y úsalo para dar una palabra profética a alguien en la sala. El líder del grupo también puede elegir un objeto al azar mediante el cual los participantes puedan profetizar. Este ejercicio es excelente para ayudar a las personas a relajarse y saber qué hacer cuando sientan que están atascados. Si se atascan, pueden por fe elegir un objeto al azar que sirva como trampolín para empezar a profetizar.

Una vez, una persona usó un vaso de agua para dar a doce personas distintas una palabra precisa. El secreto no está en el objeto que uses, sino en tu capacidad para oír la voz de Dios al margen de cuál sea el objeto.

Un amigo mío no entendía esta activación, así que le dije que nombrara un objeto al azar de la sala. Él dijo: "La cama del perro". Entonces comencé a profetizar que Dios le estaba llamando a descansar en su presencia como un perro descansa en su cama. Él respondió que la noche anterior tres personas habían orado por él y todas dijeron que Dios quería que descansara.

EJERCICIO 7
Camina por una ciudad y profetiza a los demás (grupo)

Camina por una ciudad con una o más personas y profetiza a los demás usando cualquier cosa que veas mientras caminas. Usa las señales, colores y edificios para fortalecer, animar y consolar a los otros. Este es un ejercicio excelente para conseguir que el fluir profético de las personas esté activo de modo que no tengan miedo de abrir su boca y profetizar.

CAPÍTULO 3

Barreras

Una de las barreras más grandes que tienen los cristianos para profetizar es que no entienden la profecía. Si yo definiera "profecía" simplemente como oración de escucha, por lo general habría menos resistencia a usar la palabra. En efecto, oración de escucha es una maravillosa descripción del ministerio profético, y sin embargo hay mucho más que sencillamente oír a Dios mientras oramos. El ministerio profético es para cada creyente. En este capítulo me enfoco en deshacernos de las barreras que impiden que los individuos se sientan cómodos con la profecía.

Una cosmovisión no bíblica

Una razón por la que muchos creyentes no experimentan una relación dinámica con Dios es que su cosmovisión está basada más en ideas de la Ilustración del siglo XVIII que de las Escrituras. Cinco grandes ideas de esa época son: ateísmo, deísmo, racionalismo, materialismo e individualismo.[11]

El ateísmo es la idea de que Dios no existe. El deísmo dice que *si* Dios existe, no está involucrado en nuestra vida diaria. En cambio, Él es más un Creador que, al igual que un relojero, pone las cosas en movimiento pero no se involucra en su creación.

El racionalismo dice que si no puedes explicar algo racionalmente, no deberías confiar en ello. El racionalismo descarta todos los milagros bíblicos y modernos (el nacimiento virginal, el Salvador resucitado y la sanidad divina). Las personas que se adhieren a una cosmovisión puramente racionalista presuponen que viven en un sistema mundial cerrado en el cual lo sobrenatural ni existe ni puede existir.

El materialismo dice que solo existe aquello que puedes experimentar con tus cinco sentidos. Muchos funerales a los que he asistido en los Países Bajos nunca mencionan nada sobre la vida después de la muerte, ya que el materialismo implica que una vez que la persona muere, todo se termina. El individualismo es la idea de que es más importante que creas en ti mismo antes que en cualquier otra persona o idea. Este individualismo, llevado a un extremo, genera no solo orgullo sino también egoísmo, egocentrismo, y todo tipo de quebrantos que nuestro mundo experimenta hoy. Las culturas occidentales están mucho más adheridas a la Ilustración que a las enseñanzas de la Biblia, y muchos cristianos inconscientemente han aceptado estas ideas. Sus creencias básicas no provienen de la Biblia, sino de su cultura.

La Biblia revela a un Dios personal que desea interactuar con nosotros diariamente y que está íntimamente familiarizado con cada detalle de nuestras vidas, incluyendo el número de cabellos de nuestra cabeza (ver Lucas 12:7). Enseña que usar nuestros cinco sentidos es importante, y sin embargo hay mucho más de lo que nuestros cinco sentidos pueden experimentar o entender (ver Efesios 3:20). Somos cuerpo, alma y espíritu. Mediante nuestro espíritu podemos conocer personalmente a Dios y aprender a usar nuestros sentidos espirituales así como nuestros sentidos físicos.

La Biblia también explica que aunque puede que sea importante tener una imagen saludable de uno mismo, el propósito de nuestra existencia es vivir en comunidad con Dios y con otros. "Ningún hombre es una isla", como nos dice el poema de John Donne, y todos anhelamos un amor perfecto e incondicional que solo se puede encontrar conociendo a Jesucristo. Conocer a Jesús despierta el elemento sobrenatural en nuestras vidas que permite que vivir para Dios sea tanto natural como sobrenatural.

Profecía basada en el Antiguo Testamento

Otra barrera es que las personas confunden la profecía del Antiguo Testamento con la profecía del Nuevo Testamento. En el Antiguo Testamento, los profetas por lo general declaraban juicio, y si cometían un error eran sentenciados a muerte (ver Deuteronomio 18:20-22). En el Nuevo Testamento, la profecía es principalmente para que los creyentes se fortalezcan, se animen y se consuelen unos a otros. No hay pena de muerte puesta sobre el cuello de los que no profetizan correctamente. Sin embargo, cada palabra profética se *debe* evaluar y probar para determinar qué es de Dios y qué no (ver 1 Corintios 14:29; 1 Tesalonicenses 5:19-22).

No entender la diferencia entre la profecía del Antiguo Testamento y del Nuevo Testamento es una barrera común que impide que las personas crezcan en el ministerio profético. ¿Quién va a profetizar si tiene miedo de cometer un error y que le sentencien a muerte como falso profeta? ¿Cómo puede una persona desarrollarse en este ministerio si no tiene un paradigma sólido de la profecía del Nuevo Testamento? Este libro es un intento de establecer una estructura sólida y bíblica para desarrollar el ministerio profético.

Cuando las personas profetizan, predican o hacen evangelismo usando un paradigma del Antiguo Testamento pueden ser altamente destructivos. Entender la gracia y el evangelio de Jesucristo es muy importante para los que declaran las palabras de Dios. El evangelio no se trata de cambiar tu actitud o apariencia exterior, sino de que tu corazón sea transformado por el amor y la gracia de Dios. La profecía nunca debería destruir a las personas o a una iglesia. Debería servir para edificar a la Iglesia (ver 1 Corintios 14:4).

Todos los dones del Espíritu tratan sobre el amor, y cuando fallamos en esto, no hemos entendido la idea principal. En su libro *School of the Prophets* (La escuela de los profetas), Kris Vallotton cuenta una historia que ilustra esto.[12] Un domingo de 1998 el nuevo pastor en su iglesia local pidió a las personas que se acercaran a quienes necesitaban perdonar por cosas que habían dicho o hecho en el pasado. Para asombro de Vallotton, un gran grupo de personas se puso en fila para acudir a él y contarle incidentes que habían tenido cuando él les había dado una palabra profética precisa que había terminado causándoles problemas porque lo hizo con falta de amor. Se dio cuenta ese día de que dar una palabra precisa sin un espíritu de amor y gracia puede ser devastador. No cumple la voluntad de Dios.

Yo mismo experimenté algo parecido a eso. Me sentí insultado por un líder y lo reprendí por su "falta de fe y visión". Más adelante ese mismo año tuve que llamarlo y disculparme por faltar al respeto a él y a su ministerio de esa forma. Él aceptó mi disculpa, pero aprendí una lección importante: nunca uses tu autoridad profética y poder cuando estés enojado u ofendido con alguien. Es entonces cuando el ministerio profético puede dejar de ser algo que da vida y hacer realmente daño. El ministerio profético del Nuevo Testamento se centra principalmente en animar, fortalecer y consolar a las personas, y nunca acosar.

Una mujer me habló de una experiencia traumática que tuvo. Personas declararon sobre ella delante de toda la iglesia que ella era una fracasada en la vida y que nunca tendría éxito. Esas personas declararon una maldición sobre su vida. Yo rompí de inmediato el poder de esas palabras declarando en oración la bendición de Dios sobre ella. La vida y la muerte están en el poder de nuestra lengua, y la profecía no se debería usar para maldecir a nadie (ver Proverbios 18:21).

Brujería carismática

En 1 Samuel 18:10-11 encontramos una historia muy extraña. Saúl cae "en trance en su propio palacio" (NVI) cuando un espíritu maligno viene sobre él. Toma su lanza e intenta asesinar a David clavándolo contra la pared. Saúl había aprendido a profetizar estando cerca de Samuel y el grupo de profetas. Sin embargo, estaba profetizando con un espíritu diferente al Espíritu Santo. Cuando esto sucede, los resultados pueden ser mortales.

Una mujer se acercó al maestro bíblico Kenneth Hagin y se quejó acerca de un grupo que pasaba mucho tiempo profetizando a otros y que solamente le decían cosas malas. Le dijeron que su mamá iba a morir en seis meses. Dieciocho meses después, seguía viva. También le dijeron que su esposo incrédulo la iba a abandonar. Eso era algo que ella no quería. Hagin la liberó de inmediato de las palabras negativas que habían declarado sobre ella.[13]

Si alguien hace eso, es muy probable que el Espíritu Santo no le esté dirigiendo, sino que será su propio espíritu, o posiblemente un espíritu maligno. Debemos usar las palabras de Dios para dar vida, o de lo contrario caeremos en la "brujería carismática". No estoy hablando de una mujer con una nariz larga y un sombrero de punta montada sobre una escoba. Brujería es intentar intimidar, manipular y controlar a otros. Usar mal una palabra de Dios puede hacer esto. Hay personas que juzgan o maldicen a otras personas o congregaciones. El fruto de tal ministerio puede ser muy destructivo, y es particularmente impío.

Cuando alguien declara "Dios dice" para promover su propia agenda política, social, personal o de la iglesia, puede que esté cerrando toda discusión. Las personas deberían ser libres para compartir lo que sienten que Dios está diciendo, pero también debería darse un espacio para la discusión y los comentarios para ver si Dios está hablando a otras personas en la misma línea. Toda palabra profética debe ser probada (ver 1 Corintios 14:29).

Pablo escribe a los creyentes en Galacia diciendo: "¡Oh gálatas insensatos! ¿quién os fascinó para no obedecer a la verdad, a vosotros ante cuyos ojos Jesucristo fue ya presentado claramente entre vosotros como crucificado?" (Gálatas 3:1). Las personas que fascinaban a los creyentes gentiles eran creyentes judíos que intentaban obligarles a ser circuncidados para ser salvos. Esto era contrario al espíritu y al mensaje de Jesús que Pablo había predicado a los gálatas.

Debemos probar toda palabra profética y discernir qué espíritu está motivando a la persona que habla. Como escribió Juan el amado: "Amados, no creáis a todo espíritu, sino probad los espíritus si son de Dios; porque muchos falsos profetas han salido por el mundo" (1 Juan 4:1). Jesús advierte de los falsos profetas cuando dice: "Guardaos de los falsos profetas, que vienen a vosotros con vestidos de ovejas, pero por dentro son lobos rapaces. Por sus frutos los conoceréis" (Mateo 7:15-16).

Yo he tenido algunas experiencias tratando con falsos profetas que son lobos vestidos de ovejas. Este tipo de personas no se someterán a ningún tipo de liderazgo. Están llenos de rebelión y usan mal el nombre de Dios para promover su propia agenda.

Para engañar las mentes de las personas ingenuas usan "suaves palabras y lisonjas" (ver Romanos 16:17-18). Tales personas afirmarán que pueden experimentar la guía de Dios y afirman que cualquiera que no esté de acuerdo con ellos no está oyendo a Dios. Orgullo, arrogancia e inseguridad se esconden detrás de su máscara de "súper espiritualidad", y pueden ser muy inestables y peligrosos. No podemos enfatizarlo más: ¡toda palabra profética debe ser probada! Hay falsos profetas, pero también hay profetas verdaderos. Hay falsos maestros y pastores, pero también hay pastores y maestros auténticos. No permitas que lo falso te haga rechazar lo que es verdaderamente de Dios.

El deseo de mi corazón es ver a una nueva generación de profetas que dan vida y edifican a individuos e iglesias. Por eso se deben seguirse las pautas, y todos los implicados deben mantenerse humildes para evitar bajas innecesarias del ministerio profético. No debemos menospreciar la profecía, ni desanimar a los que están intentando crecer en escuchar la voz de Dios. Tenemos que "aferrarnos a lo bueno" y "evitar toda clase de mal" (ver 1 Tesalonicenses 5:19-22, NVI). Deberíamos intentar evaluar y juzgar cada palabra profética. Si alguien te da una palabra de Dios, pruébala. Reconoce que incluso los discípulos, Pedro, Santiago y Juan, tuvieron momentos en su ministerio cuando no siguieron al Espíritu Santo y Jesús tuvo que reprenderlos (ver Mateo 16:23; Lucas 9:54-55). Si ellos pudieron cometer errores, ¡nosotros también podemos!

Disfruto ayudando a cristianos a crecer en lo profético. Por ejemplo, una mujer cuando empezó a profetizar por primera vez sentía todas las emociones de las personas a las que estaba profetizando y les decía cosas que ni fortalecían, ni animaban, ni consolaban. Tuve que corregirla amablemente y animarla. Ahora estoy contento de verla desarrollarse en su don. No solo opera bíblicamente en el ministerio profético, sino que también está activando a otros para hacer lo mismo. No importa cuánta experiencia pueda tener una persona, siempre hay espacio para aprender y crecer más en el ministerio profético.

Definitivamente hay veces en las que Dios puede usar a alguien para llevar palabras de advertencia y corrección a una persona o una iglesia. Sin embargo, esas palabras deben aportar esperanza y vida. En Apocalipsis 2 y 3, Jesús lleva palabras de corrección las siete iglesias de Asia Menor. Todas estas palabras están entretejidas con palabras de ánimo y promesas de las recompensas que Dios tiene para ellos si le obedecen. El ministerio profético nunca debería llevar condenación o muerte a las personas, sino debería llevarles esperanza y vida incluso si son palabras de corrección.

Como padres de nuestros hijos, regularmente los corregimos en el contexto de una relación profunda de amor. Nadie más puede corregir a mis hijos como mi esposa y yo lo hacemos porque nadie más les ama como nosotros. Corregir a los hijos de otras personas no siempre es bueno y eficaz debido a una falta de relación. La disciplina sin una relación puede conducir a la rebelión. Por eso enfocarse en la forma más básica del ministerio profético (fortalecer, animar y consolar) es lo mejor para todos los que desean crecer en este ministerio vital.

Mal entendimiento de lo que es la profecía

Profecía no es solo *predecir* el futuro, sino también *adelantar* lo que Dios piensa sobre una persona o situación. La profecía que es predictiva es *adelantar*. La profecía declara los pensamientos e intenciones del corazón de Dios y la revelación de su voluntad para una situación, una persona, un lugar o una situación, conocido como *adelantar*.[14] Puede que las personas no reconozcan lo último como profecía, o quizá se sienten tan intimidados por adelantar que no se atreven simplemente a orar y proclamar lo que Dios piensa y siente sobre un individuo. Están bloqueados por una definición estrecha de la profecía.

Adelantar puede ser muy similar a predicar. De hecho, el primer manual protestante sobre predicación escrito en 1592 por William Perkins se tituló *El arte de profetizar*. Profetizar es comunicar el corazón y la mente de Dios mediante nuestras palabras y obras. Dios puede hablar sobre el presente, el pasado o el futuro. Hay distintos niveles de ministerio profético, y aunque no todo creyente es un profeta, cualquier creyente puede aprender a oír la voz de Dios y declarar sus palabras. Todo creyente puede y debería animar, fortalecer y consolar a otros con palabras de Dios (ver 1 Corintios 14:3). Profecía tiene que ver con conocer y conectar con el corazón de Dios. Toda verdadera palabra profética estará en consonancia con su Palabra escrita en las Escrituras.

Poder experimentar la voz y el poder de Dios es verdaderamente transformador, para ti y para las personas que están en contacto contigo. Todo cambia cuando la oración ya no es una obligación religiosa, sino una conversación con Dios en dos direcciones. Él siempre está hablando de muchas formas. Es maravilloso aprender cómo podemos conectar con Él diariamente.

La profecía en las Escrituras tiene que ver con conocer y ver a Dios. Proverbios 29:18 dice que el pueblo de Dios perece por falta de revelación o visión profética. Una versión en holandés traduce Proverbios 29:18 como: El pueblo de Dios perece por falta de profecía (NBV). Obviamente, el pueblo de Dios no perece porque no se pronostica el futuro, sino que perece porque conoce *de* Dios, pero no lo conoce a Él. Como dice Oseas 4:6: "Mi pueblo está siendo destruido porque no me conoce" (NTV).

La profecía en el sentido más amplio es simplemente oír, ver, sentir y conocer a Dios, y después a veces decir a otros lo que hemos oído y visto de Jesús (ver Apocalipsis 19:10). La profecía es una parte normal de desarrollar una vida de oración saludable. Hablamos con Dios, y Él nos habla a nosotros. Oír la voz de Dios y declarar sus palabras (profecía) debería ser algo normal para todo creyente.

Cesacionismo y temor

> ¿Qué padre de vosotros, si su hijo le pide pan, le dará una piedra? ¿o si pescado, en lugar de pescado, le dará una serpiente? ¿O si le pide un huevo, le dará un escorpión? Pues si vosotros, siendo malos, sabéis dar buenas dádivas a vuestros hijos, ¿cuánto más vuestro Padre celestial dará el Espíritu Santo a los que se lo pidan?
> — LUCAS 11:11-13

Recuerdo una vez que estaba yo enseñando a algunos adolescentes sobre el Espíritu Santo. Cuando usé las palabras "Espíritu Santo", empezaron a hablar sobre fantasmas y cosas que le daban miedo. Sabía que tratar al Espíritu Santo de ese modo haría que no pudieran fluir en sus dones, así que les mostré que el Espíritu Santo solamente da dones *buenos*. Nunca debemos temer algo que verdaderamente venga del Espíritu Santo. Entre sus tareas en la tierra, el Espíritu Santo vino para consolarnos, enseñarnos y empoderarnos (ver Juan 14: 16, 26; Hechos 1:8).

Un joven me dijo que ninguna de las cartas de Pablo menciona nada sobrenatural. Dijo que los milagros, señales y prodigios ya no son para el presente. Entonces le mostré capítulos enteros en las epístolas de Pablo que nos enseñan a crecer los dones del Espíritu Santo y usar señales y maravillas para compartir nuestra fe. Le habían enseñado que Dios no hace nada sobrenatural porque tenemos la Biblia. Esta falsa enseñanza se llama cesacionismo. Está basada en las experiencias de personas que nunca han visto a Dios hacer algo sobrenatural. Es incorrecto crear una enseñanza basada en nuestra experiencia y no en lo que la Biblia realmente enseña. En ningún lugar en las Escrituras se dice que Dios haya cesado de hablar y sanar a los enfermos.

El cesacionismo está basado en una mala interpretación de un versículo que irónicamente está en medio de la enseñanza de Pablo sobre que deberíamos desear y crecer en los dones espirituales. Este es el versículo que se malinterpreta:

> El amor jamás se extingue, mientras que el don de profecía cesará, el de lenguas será silenciado y el de conocimiento desaparecerá. Porque conocemos y profetizamos de manera imperfecta; pero cuando llegue lo perfecto, lo imperfecto desaparecerá. Cuando yo era niño, hablaba como niño, pensaba como niño, razonaba como niño; cuando llegué a ser adulto, dejé atrás las cosas de niño.
> — 1 CORINTIOS 13:8-11 (NVI)

Dice que lo que es en parte como la profecía, las lenguas y el conocimiento, cesarán cuando venga lo perfecto. El cesacionismo dice que la Santa Biblia es la Palabra de Dios perfecta y completa y ya no necesitamos ningún don del Espíritu. Una mujer me dijo que yo era un mentiroso cuando le hablé sobre la sanidad, porque según ella este versículo dice que después del tiempo de los apóstoles Dios dejó de sanar a las personas y usar cualquier don espiritual.

Esta mala interpretación de las Escrituras saca totalmente de contexto el capítulo 13 de los capítulos 12 y 14, que repetidamente nos dicen que persigamos los dones espirituales, especialmente el don de profecía. Jesús dijo que todos los creyentes pueden imponer sus manos sobre los enfermos y sanarlos (Marcos 16:18), y que deberíamos sanar a los enfermos cuando compartimos el evangelio del reino (Mateo 10:8). "Cuando llegue lo perfecto" (NVI) no está hablando en absoluto del canon cerrado de la Biblia. Está hablando de cuando Jesús regrese y todos seamos como Él (1 Juan 3:2).

Cuando veamos a Jesús plenamente, no necesitaremos profecía, sanidad, palabras de conocimiento y lenguas. Mientras tanto, vivimos en un mundo que necesita oír palabras de Dios y experimentar su sanidad. Dios no ha dejado y no dejará de hablar y sanar este mundo. Tenemos el privilegio de contar con la Palabra de Dios escrita, pero esto no reemplaza la necesidad de que las personas experimenten a Dios ahora. Habiendo dicho esto, nuestras experiencias nunca reemplazan a la Palabra de Dios escrita. Todo está bajo la autoridad de las Escrituras. Las Escrituras nos dan la protección y cobertura que necesitamos para procesar experiencias que pueden haber venido del Espíritu Santo. Por ejemplo, se me partió el corazón una vez cuando una pareja que no estaba casada me dijo que estaba bien tener relaciones sexuales porque el Espíritu Santo dijo que estaba bien. Sin ninguna duda, ellos no estaban escuchando al Espíritu Santo, ya que el sexo fuera del matrimonio está explícitamente prohibido en las Escrituras.

Moverse en los dones del Espíritu Santo nos exige que estemos atados a las Escrituras. La historia está llena de ejemplos de falsos profetas como Joseph Smith que supuestamente vio a un ángel junto a unas tablas doradas y creó una nueva religión llamada mormonismo. Su evangelio es muy distinto a lo que enseña la Biblia. Pablo advierte a los gálatas: "Mas si aun nosotros, o un ángel del cielo, os anunciare otro evangelio diferente del que os hemos anunciado, sea anatema" (Gálatas 1:8). La profecía nunca es para crear nuevas doctrinas y enseñanzas que vayan en contra de las Escrituras.

Muchas iglesias afirman ser trinitarias; creen en el Padre, el Hijo y el Espíritu Santo. En realidad son binarias, porque el Espíritu Santo está fuera de sus vidas diarias, y a la vez afirman estar basados en la Biblia. Su credo debería decir: "Creemos en el Padre, el Hijo y las Santas Escrituras". El Espíritu Santo se ve como un tío mayor y que da miedo, que puede aparecer en reuniones familiares y nadie sabe qué hacer con él. Algunas personas pueden temer cosas que se hacen en el nombre del Espíritu Santo debido a historias de abusos y falsas enseñanzas. Tiran al bebé con el agua sucia de la bañera. Por favor, no te deshagas de los dones espirituales debido a los abusos y excesos.

Conducir un auto puede ser peligroso: sin embargo, seguimos conduciendo autos de una forma segura. Los dones del Espíritu Santo usados de una manera incorrecta pueden ser peligrosos, razón por la cual tenemos que aprender a usarlos de una manera segura. Como dijo Pablo: "Así que, hermanos, procurad profetizar, y no impidáis el hablar lenguas; pero hágase todo decentemente y con orden" (1 Corintios 14:39-40). Cada uno de nosotros tiene la habilidad de caminar en los dones del Espíritu de una forma que produzca vida y que sea ordenada cuando lo hacemos de forma regular, con amor y humildad.

Otros requisitos previos además de la fe

No tenemos que generar nuestras emociones, sentir la unción, hablar como una versión antigua de la Biblia o entrar en trance para profetizar. Todos los dones de Dios, incluyendo salvación, sanidad, lenguas, palabra de conocimiento y profecía, obran por la fe (ver Efesios 2:8-9).

Puede que estemos declarando las palabras de Dios, pero no tenemos que ser raros al hacerlo. Tenemos que hablar confiando en que Dios inspirará nuestras palabras (ver 1 Pedro 4:11). Simplemente comienza orando por personas de una forma que las fortalezca, anime y consuele. *Cualquiera* puede profetizar a este nivel básico.

Un líder de una iglesia pentecostal grande me dijo que él solamente podía profetizar al final de las reuniones. Era entonces cuando podía *sentir* la unción y cuando su fe era grande. Sin embargo, la Biblia dice que actuamos por fe, y no por lo que vemos o sentimos (ver 2 Corintios 5:7). Podemos abrir nuestra boca y confiar en que Dios la llenará (ver Salmos 81:10). Cuando abrimos nuestra boca, la profecía puede que empiece como una pequeña gota que cae de un grifo, pero a medida que continuamos comenzará a fluir como un río.

El evangelista Smith Wigglesworth estaba una vez en una iglesia donde él, después de estar sentado tranquilamente y en oración, comenzó a declarar las palabras de Dios de forma fluida y fácil como si un fuego líquido estuviera fluyendo de sus labios. Los líderes al final de la reunión destacaron: "¡Qué rápido eres movido por el Espíritu! ¿Cuál es tu secreto? Por favor, dinos". De alguna manera se sorprendieron por su clara respuesta: "Bueno, verán, es así. Si el Espíritu no me mueve, yo muevo al Espíritu".[15] Pablo dijo: "El don de profecía está bajo el control de los profetas" (ver 1 Corintios 14:32, NVI). Esto significa que nosotros somos los que iniciamos la profecía. Si esperamos a que Dios intervenga y fuerce nuestra lengua para que se mueva, nunca hablaremos. Si dices que crees en la profecía y nunca profetizas, probablemente no crees que puedes hacerlo. La creencia sin acciones está muerta (ver Santiago 5:17). Lo que alguien hace demuestra lo que cree en verdad, y no solo lo que dice.

Para movernos en el Espíritu no necesitamos que un ángel se siente sobre nuestra cabeza ni que se produzca ninguna otra manifestación sobrenatural. Wigglesworth dijo una vez: "Yo no me muevo por lo que siento. No me muevo por lo que veo. Me muevo solo por lo que creo. No puedo entender a Dios mediante los sentimientos. Entiendo a Dios mediante lo que la Palabra dice de Él".[16]

Mediante la fe en Dios y su Palabra, podemos profetizar. La Biblia nos enseña: "ambicionen el don de profetizar" (1 Corintios 14:39, NVI; ver Mateo 10:8). No tenemos que esperar un sentimiento o una señal. Simplemente nos lanzamos y empezamos a hablar mientras confiamos en que nuestro Padre celestial, junto con nosotros, toma el volante. Es más fácil mover un auto en movimiento que uno que está detenido. Abre tu boca y confía en que Dios la llenará. Confía en que si le pides pan a Dios, Él no te dará una piedra. Confía en que Él puede hablar a través de ti.

Temor a cometer un error

Cuando mi hijo comenzó a caminar, yo no le decía que no podía andar cuando se caía constantemente; en cambio, lo animaba a seguir intentando caminar hasta que aprendiera. A menudo, las iglesias no crean un lugar seguro donde las personas puedan crecer en el ministerio profético sin que les callen si cometen un error. Si quieres crecer en la profecía tienes que tener fe, y fe es sinónimo de R-I-E-S-G-O. Siempre que profetizo, estoy asumiendo un riesgo. Estoy diciéndole a alguien cosas sobre su vida y lo que Dios cree de él o ella sin saber nada sobre ellos. Me hago vulnerable. Soy consciente de que puedo cometer un error y parecer estúpido. Aprender a profetizar es como aprender a hablar un idioma nuevo.

Cuando llegué por primera vez a Holanda, no sabía hablar mucho holandés. Lo único que podía decir en holandés era: "Hola, me llamo Matthew. Quiero aprender holandés. Esto es lo único que sé. ¿Puedes ayudarme? Muchas gracias. Adiós".

Repetí esa frase literalmente a cientos de personas. A Femke no le gustaba hablarme en holandés durante los primeros seis meses de vivir aquí porque era como hablar a un niño. Sin embargo, perseveré y ahora puedo predicar y enseñar con fluidez en holandés, aunque no perfectamente. Pablo también dice que cuando profetizamos, lo hacemos en parte (1 Corintios 13:9). No conocemos todo, simplemente compartimos lo que vemos u oímos que Dios dice. Mientras más lo hagamos, más fluidez tendremos al profetizar.

En Ámsterdam hay personas que solo hablan inglés. Esto se debe a que el inglés se entiende en la mayor parte de mi ciudad. Como tienen miedo a parecer estúpidos o a no haber invertido el tiempo y la energía en aprender holandés, no lo hablan, y evitan parecer un niño ignorante. Pero la mayoría de los que hablan holandés agradecen que alguien intente aprender holandés, y con la práctica suficiente podrán llegar a hablarlo con fluidez.

Del mismo modo, si quieres ser fuerte en la profecía, tienes que vencer tu temor a cometer un error. Recuerda que la meta de profetizar es mostrar el amor y la verdad de Dios a la gente. ¿Estoy dispuesto a parecer estúpido para profetizar? ¿Estaba dispuesto yo a parecer estúpido para aprender holandés? Puedes apostar a que sí.

Si dejara de hablar en holandés, lo perdería. Si dejas de profetizar, también puedes debilitar considerablemente tu músculo profético. Algunas personas a las que he entrenado en el ministerio profético dejan de profetizar cuando me voy. Otros continúan profetizando y haciéndose fuertes en el ministerio profético porque no dependen de mi presencia para profetizar. Han aprendido a depender del Espíritu Santo en ellos para profetizar y no de mí. El mismo Espíritu Santo que yo tengo, ellos también lo tienen.

He visto cómo la profecía puede edificar personas y cambiar vidas. Mi deseo de profetizar es mayor que mi temor a cometer un error. Mientras tu deseo sea fortalecer, animar y consolar a las personas con palabras de Dios, es más probable que hagas más bien que mal. No dejes que tu temor a cometer un error te impida profetizar.

Cuando superamos las barreras

Cualquier padre o madre se decepcionaría si encontrara todos los regalos de Navidad y cumpleaños que compraron para su hijo almacenados en un armario sin que su hijo los haya tocado. Dios tiene muchos regalos "espirituales" para que sus hijos los usen, pero ellos ni los abren ni juegan con ellos. Los dones del Espíritu Santo son para todos sus hijos, y como solía decir John Wimber: "Todos pueden jugar". Cualquiera puede profetizar, sanar a los enfermos, recibir una palabra de conocimiento, echar fuera demonios, etc. (ver Marcos 16:15-18). Superando las barreras, hacemos lo que Dios quiere que hagamos.

Los dones del Espíritu Santo son *regalos*. No dependen de que nosotros ganemos puntos o seamos "buenos". Se nos dan por gracia, la cual recibimos y usamos por la fe (ver Efesios 2:8-9). Profetizamos porque a Dios le encanta hablar a las personas a través de nosotros.

Al desarrollar este don, aprendí a amar profetizar siempre que puedo y todo lo que puedo. Me encanta recibir una palabra o imagen del Señor para mi vida y para las vidas de otros. Pero no tenemos que fabricar emociones o sentir algo especial para profetizar. Podemos abrir nuestra boca por fe y dar una palabra transformadora de Dios a alguien. ¡Solo hazlo!

Si hay cien personas de pie delante de mí, puedo confiar en que Dios me capacitará para profetizar sobre todas ellas. Sin embargo, prefiero entrenar a otras cinco personas para que todos podamos servir a veinte individuos. Al igual que Samuel y Elías, me apasiona entrenar a escuelas o grupos de creyentes que puedan profetizar. Tú también puedes oír la voz de Dios y declarar sus palabras. ¡Tú puedes profetizar! ¿Qué te lo impide?

PROFETIZA – ¡SOLO HAZLO!

EJERCICIO 1
Usar la Palabra de Dios como un martillo (individual)

Ateísmo, deísmo, individualismo, racionalismo, materialismo y cesacionismo son algunas de las barreras para el ministerio profético. Dedica un tiempo a estudiar y ver lo que dice la Biblia sobre ellas, y usa la Palabra de Dios como un martillo para hacer pedazos estas ideas (Jeremías 23:29).

Ateísmo y deísmo: El ateísmo dice que Dios no existe. El deísmo dice que Él existe pero no está involucrado en nuestra vida diaria.

Lee: Mateo 6:25-34; Mateo 10:29-30, 28:16-20; Lucas 11:9-13; Romanos 8:14-17; 1 Juan 3:1; Salmo 139; Jeremías 31:3; 33:3.

Individualismo: Enseña que el individuo es lo más importante. Debo creer y hacer lo que yo quiera y no importa lo que otros quieran o piensen. Lee: Romanos 8:5-13; 9 Corintios 12:12-26; Gálatas 5:13-26; Efesios 2:1-6.

Racionalismo: La creencia de que debemos entender todo racionalmente para poder aceptarlo. Lee: Efesios 3:14-21; Filipenses 4:3-7; Job 36:26; Salmos 147:5; Proverbios 3:5-6.

Materialismo: Esta idea enseña que solamente lo que podemos experimentar con nuestros cinco sentidos es real. Lee: Mateo 6:19-20; 16:16; 24:35; Lucas 12:15; 1 Timoteo 6:17; Eclesiastés 5:15.

Cesacionismo: Sostiene que Dios dejó de usar los dones espirituales como profecía, sanidad y lenguas después de que recibimos la Santa Biblia. Lee: Mateo 10:7-8; 28:16 -20; Marcos 16:15-19; Lucas 12:11-12; Juan 14: 12; Romanos 15:14-20; 1 Corintios 2:1-6, 12-14; 1 Tesalonicenses 5:19-21; 1 Timoteo 1:18; 4:13-14; 2 Timoteo 1:6-7.

EJERCICIO 2
Una palabra (grupo)

¿Qué impide que las personas profeticen, oren por sanidad, hablen en lenguas, etc.? Pensamos demasiado. No profetizamos en base a nuestros pensamientos, sino en base a nuestro espíritu. Este ejercicio permite que las personas se relajen y liberen una palabra, confiando en que Dios hablará a través de cualquier cosa que podamos decir.

Todos en el grupo tienen una pluma y un papel para escribir las palabras que se les den. Entonces, cada uno da a cada persona del grupo una palabra. Al final de los ejercicios, cada persona tendrá una lista de palabras que podrá usar para empezar a descifrar la palabra de Dios para él o ella. Usa tres pasos: revelación, interpretación y aplicación. Este ejercicio ayuda a los participantes a relajarse y aprender a profetizar desde su espíritu y no desde su propio pensamiento. Cuanto más aprende uno a conectar con el Espíritu de Dios, más puede comenzar a discernir qué pensamientos son de Dios y cuáles son propios.

Además, una vez que cada uno tenga su lista, haz que cambien su lista con el compañero de al lado y, usando la lista del otro, profeticen sobre él. Por ejemplo, si las primeras tres palabras son vida, bananas y gozo, podría profetizar algo así: "Te estoy llenando hoy con mi vida y sé que tus palabras son como bananas deliciosas que dan mucha fuerza a muchas personas. Me gozo mucho en ti y mi gozo será tu fortaleza".

Haz lo mismo con todas las palabras del papel de tu vecino y después haz que profeticen sobre ti usando las palabras de su papel. No te preocupes por decir palabras impactantes o profundas en este nivel; tan solo enfócate en fortalecer, animar y consolar al otro con las palabras que hay en la hoja de papel. A veces, he visto a una persona y he dicho el nombre de un familiar o ser querido. Otras veces es simplemente una palabra como "amor" o "poder". No juzgues una palabra por lo profunda o simple que pueda ser.

Kris Vallotton cuenta de un hombre que le dijo a una mujer: "¡Tienes puesta una camiseta amarilla!". La mujer no llevaba puesta una camiseta amarilla, y entonces ella comenzó a llorar histéricamente. Cuando le preguntó por qué reaccionó así, ella respondió: "Tengo un hijo que es autista, y le dije hoy al Señor: 'Si vas a sanar a mi hijo, que alguien me diga que tengo una camiseta amarilla'".[17]

EJERCICIO 3
Por todo el círculo (grupo)
Todos se ponen en círculo (o en varios círculos de cuatro a cinco personas si es un grupo muy grande). Todos en el círculo profetizan sobre la persona que hay a su derecha hasta que todos hayan profetizado a la persona a su lado. Cuando empiezan, los estudiantes puede que tengan miedo de hablar. Anímales a simplemente orar palabras de ánimo, fortaleza y consuelo. Esta es la forma más básica de ministerio profético.

Este es normalmente el primer ejercicio que hago con la gente para "calentar". Como la palabra "profecía" encierra tanto peso en su mente, puede que les resulte difícil hablar. Anímales simplemente a orar por el otro. La profecía es una parte natural de la oración porque cuando hablamos a Dios, Él nos responde a nosotros.

EJERCICIO 4
Cambio (grupo)
El líder del grupo dirá "cambio" cuando las personas tengan que detenerse o empezar a profetizar. Esta es de hecho una herramienta para usar en todos los demás ejercicios de grupo. Si dicen "cambio" rápidamente, esto obligará a los participantes a no pensar demasiado sino simplemente decir por fe lo que el Espíritu de Dios les guíe a decir. Si el cambio se retrasa, esto desafiará a los que profetizan a no dejar de profetizar, sino a pedirle por fe a Dios más para poder dar. Un profeta está en control de sí mismo y puede estar callado cuando lo necesite, como cuando no es su turno de hablar.

Una mujer que viajaba conmigo lo pasó mal cuando yo dije "cambio" mientras ella estaba profetizando por primera vez. Quería dar todo el mensaje que Dios tenía para una persona en ese momento. Mediante este ejercicio aprendió el valor de poder retener una palabra de Dios. Solo porque Dios te haya dado una palabra para alguien no significa que tengas que dar toda la palabra en ese momento. Aprender a esperar el momento oportuno es importante, y también es importante aprender a someterse a la autoridad cuando ellos sienten que no es el momento adecuado de dar una palabra u orar.

En un viaje a una conferencia de jóvenes en Ucrania, yo tenía un equipo ministerial esperando a orar por sanidad. Sin embargo, les dije que esperaran. Mi equipo confió en mí, y después entendieron por qué no era el momento aún de que oráramos por los enfermos. En vez de hacer nosotros toda la oración, yo quería que los estudiantes ucranianos oraran por los enfermos y vieran ocurrir las sanidades. Quería equipar primero a otros para que pudieran depender de Dios y no de nosotros.

EJERCICIO 5
Todos sobre uno (grupo)
Una persona se pone en medio del grupo, y todos los del grupo profetizan uno a uno sobre esa persona. Todos comparten lo que sienten que Dios pueda estar diciendo. Este es un ejercicio estupendo para edificar a una persona. He visto a la persona del medio extremadamente impactada por las palabras proféticas que se le dieron durante este ejercicio. Muchas personas no están acostumbradas a que

otros les fortalezcan, animen y consuelen. Expresar el amor de Dios es poderoso.

EJERCICIO 6
Uno sobre todos (grupo)
Una persona se pone de pie en medio del grupo y profetiza sobre todos los del grupo. Este ejercicio hace que la persona salga de su zona de comodidad. No tiene tiempo para pensar y tiene que profetizar sobre la siguiente persona totalmente en fe. Cualquier imagen, versículo o sentimiento que surja, debe comunicarlo de una forma que fortalezca, anime y consuele. La fe de esta persona será edificada al darse cuenta de que puede profetizar sobre muchas personas por fe.

CAPÍTULO 4
Profecía en la iglesia

El ministerio profético se puede cultivar y desarrollar intencionadamente para servir a la iglesia local y al mundo. Para desarrollarlo, sin embargo, debemos entender los diferentes niveles de ministerio profético. Estos distintos niveles se pueden comparar a las distintas profundidades de una piscina. Permíteme explicarlo. Criar a mis hijos en los Países Bajos requiere que ellos tomen clases de natación, ya que hay muchas masas de agua en las que se pueden caer. Este es un rito de iniciación en los Países Bajos, y todos mis hijos tienen sus diplomas de natación. Saben bucear, pasar por obstáculos debajo del agua, y nadar sin temor por el lado ma's profundo de la piscina. Todos han terminado cursos de natación, algo que yo nunca hice. Cuando yo tenía seis años, intencionadamente caí sobre mi profesor de natación cuando salté del trampolín. ¡Me daba miedo nadar en lo profundo! Prefería quedarme donde el aqua no me cubría, donde podía tocar el suelo de la piscina. Así como nadar en la parte poco profunda de una piscina es bastante distinto a nadar en la parte profunda, hay diferencias al profetizar en los distintos niveles de ministerio profético. Para nuestros propósitos, quiero definir la parte que no cubre como el espíritu de la profecía, donde todos se pueden meter.

Definiré la parte media como el don de profecía, donde puede que muchos sean capaces de profetizar, y la parte profunda como el oficio de profeta, donde solamente unos pocos están llamados y equipados para operar.

EL MINISTERIO DE PROFETA
POCOS LLEGAN A SER PROFETAS

EL DON DE PROFECÍA
PUEDE QUE MUCHOS TENGAN ESTE DON

EL ESPÍRITU DE LA PROFECÍA
TODOS PUEDEN PROFETIZAR

En su libro, *Growing in the Prophetic* (Creciendo en lo profético), Mike Bickle tiene un diagrama que ayuda a ilustrar este punto. [18]

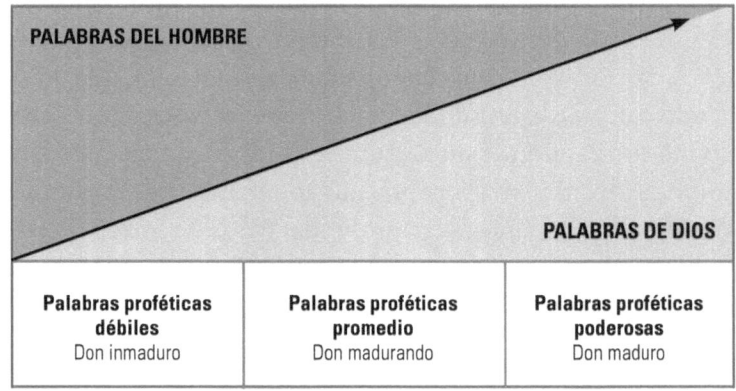

En la parte izquierda del diagrama se ilustra la forma más simple de ministerio profético. Ahí, un alto porcentaje de lo que se dice puede que proceda simplemente del propio corazón de la persona mezclado con algunas palabras que vienen de Dios. A medida que la persona crece en el ministerio profético y su intimidad con Dios, el porcentaje de palabras precisas de Dios continúa aumentando y las palabras que son solamente de su corazón decrecen. La profecía en este tercer nivel es más puramente de Dios. Sin embargo, incluso el profeta más experimentado puede dar una palabra profética que venga de su propio corazón y no del corazón de Dios. Por eso es tan vital probar las palabras y hacer comentarios a quienes desean crecer en el ministerio profético (ver 1 Tesalonicenses 5:19-22).

Un sábado por la mañana, uno de mis hijos se acercó y me dijo: "Papá, mamá quiere que vayas a la panadería y compres croissants y pan caliente para desayunar". Yo supe de inmediato que esas palabras procedían de Femke. A ella le gusta desayunar con pan de la panadería los sábados por la mañana. Mi hijo siguió diciendo: "Y dice que quiere que haya croissants de queso y de chocolate". Me di cuenta de que mi hijo estaba usando mal el nombre de mi esposa para conseguir lo que él quería. Mi hijo quería los croissants de queso y chocolate, pero yo sé que mi esposa nunca quiere eso.

Del mismo modo, debemos escuchar las palabras que nos dan y discernir lo que viene del corazón de Dios y lo que puede venir simplemente del propio deseo u opinión de la persona. El discernimiento y la sabiduría son necesarios cuando evaluamos una palabra profética. Si tenemos una relación personal con Dios, entonces podemos tener una idea bastante buena de cuando una palabra viene verdaderamente de Dios y no del corazón de la propia persona. Así como yo conozco a Femke lo suficientemente bien para reconocer sus palabras en las palabras de mis hijos, también podemos conocer a Dios lo suficientemente bien para reconocer sus palabras en las palabras de sus hijos. Hay responsabilidad por parte de las personas que profetizan, pero también por parte de quienes reciben una palabra profética. Ellos deberían probar el mensaje profético y decidir en oración lo que creen que dice Dios.

Un día me llamó un líder para informarme que un pastor había estado contando a todos que yo había profetizado a algunas personas que salieran de su iglesia. Inmediatamente llamé a este líder para preguntarle qué había pasado. Yo había conocido a algunas personas de su iglesia que habían recibido la palabra profética que les había dado interpretándola como que debían salir de su iglesia. El problema es que yo nunca le diría a alguien (especialmente a alguien que no conozco de nada) que debería dejar su iglesia. Esa fue su interpretación. Yo le pregunté al pastor si había escuchado la grabación de la palabra profética que di. No lo había hecho, y se disculpó por solamente creer lo que otros habían dicho y no escuchar realmente lo que yo había dicho en verdad. Esto destaca la importancia de grabar las palabras proféticas cuando sea posible.

Debemos tener cuidado de no difundir chismes y mala información sobre personas, especialmente si solo hemos oído cosas mediante rumores. La vida y la muerte están en poder de la lengua, como dice Proverbios 18:21, y a menudo muchos ministerios sufren de críticas injustas y juicios que han hecho otros creyentes. Si no has oído o visto algo de primera mano, piensa antes de comenzar a hablar y difundir mentiras, pues entonces somos más como Satanás, "el padre de mentira" (Juan 8:44) que como Jesús.

Shawn Bolz en su libro *Translating God* (Interpretando a Dios) nos habla sobre profetas experimentados que casi siempre profetizaban con precisión, pero cuando profetizaban sobre ciertos temas sus palabras eran casi siempre imprecisas. Eso tenía que ver con la necesidad de los propios profetas de sanidad interior o con sus propias opiniones.[19] Las personas pueden equivocarse en cosas que simplemente vienen de su propio corazón y que no necesariamente vienen del corazón de Dios. Esto destaca la necesidad de rendir cuentas y ser transparentes que tienen *todos* los que ministran y reciben la Palabra de Dios.

Demos un paso atrás y examinemos cada nivel de profecía. Vamos a comenzar por el extremo de la piscina profética que no cubre: el espíritu de la profecía.

El espíritu de la profecía

El espíritu de la profecía es el nivel básico del ministerio profético. Apocalipsis 19:10 dice: "Adora a Dios; porque el testimonio de Jesús es el espíritu de la profecía". En el Antiguo Testamento se encuentra un ejemplo de esto en 1 Samuel:

> Entonces Saúl envió mensajeros para que trajeran a David, los cuales vieron una compañía de profetas que profetizaban, y a Samuel que estaba allí y los presidía. Y vino el Espíritu de Dios sobre los mensajeros de Saúl, y ellos también profetizaron. Cuando lo supo Saúl, envió otros mensajeros, los cuales también profetizaron. Y Saúl volvió a enviar mensajeros por tercera vez, y ellos también profetizaron. Entonces él mismo fue a Ramá para ...y también vino sobre él el Espíritu de Dios, y siguió andando y profetizando hasta que llegó a Naiot en Ramá. Y él también se despojó de sus vestidos, y profetizó igualmente delante de Samuel, y estuvo desnudo todo aquel día y toda aquella noche. De aquí se dijo: ¿También Saúl entre los profetas?
> – 1 SAMUEL 19:20-24

Saúl y sus soldados querían capturar a David, pero en cambio, el Espíritu de Dios descendió sobre ellos y todos comenzaron a profetizar. Este es un maravilloso ejemplo de cómo incluso los no creyentes pueden profetizar bajo una fuerte unción del Espíritu de la profecía. El Espíritu de la profecía puede mostrarles que Dios es real y que su presencia se puede sentir.

Una vez hablé en un grupo de jóvenes donde nadie estaba interesado en el ministerio profético. A primera hora de la tarde, una mujer dijo que ella no sabía si Dios realmente existía. Después supe que tres de los jóvenes que estaban allí eran musulmanes. La fe y la expectativa de que Dios se moviera eran inexistentes, pero todo eso cambió cuando empecé a profetizarles. Sus ojos se abrieron como platos cuando empecé a decirles uno a uno cosas de su pasado, presente y futuro. Durante una hora profeticé sobre cada uno de ellos, y pude sentir que el nivel de su fe crecía cada vez más. Después de eso, les lancé el reto de que cada uno le pidiera a Dios que le dijera algo. Para mi asombro, todos ellos, incluidos la mujer agnóstica y los musulmanes, comenzaron a recibir de parte de Dios palabras e imágenes mentales precisas con significado simbólico.

Lo más destacado de la noche para mí fue ver el cambio que se produjo en la mujer que había dicho antes que quería saber si Dios realmente existía. Las lágrimas corrían por su rostro mientras Dios le hablaba tanto a ella como a través de ella. Pocas semanas después, le bauticé.

Un bonito ejemplo del poder de la profecía en la iglesia se encuentra en 1 Corintios 14:

> Pero si *todos profetizan*, y entra algún incrédulo o indocto, por todos es convencido, por todos es juzgado; lo oculto de su corazón se hace manifiesto; y así, postrándose sobre el rostro, adorará a Dios, declarando que *verdaderamente Dios está entre vosotros*.
> — 1 CORINTIOS 14:24-25

No estoy defendiendo de forma alguna que los no cristianos o los cristianos inmaduros y rebeldes profeticen regularmente. Los que desean profetizar regularmente deben dar cuentas, ser humildes y estudiar las Escrituras. Toda profecía se debe evaluar y probar mediante las Escrituras. Si contradicen las Escrituras, no las aceptes. Esto es importante especialmente cuando el Espíritu de la profecía es fuerte, porque *cualquiera* con un alto nivel de fe puede potencialmente profetizar. Este Espíritu de la profecía, la parte que no es profunda de la piscina profética, prospera bajo circunstancias específicas:

1. Durante el tiempo de adoración cuando el Espíritu de Dios es muy tangible. Todos pueden recibir fácilmente un mensaje de Dios.
2. Cuando las personas llegan a un grupo de profetas o un ministro les desafía a que participen y empiecen a profetizar. [20]

En este nivel, toda la profecía se debería enfocar en fortalecer, animar y consolar a la persona y *no* en predecir el futuro (ver 1 Corintios 14:3). Los mensajes proféticos en este nivel no deberían ser correctivos o direccionales, y deberían buscar animar a las personas y hacer tangible el amor de Dios.

Evita profetizar sobre nacimientos, matrimonios, sanidades o muertes en la parte poco profunda. Dios sí habla sobre estas cosas, pero conlleva un nivel más alto de responsabilidad, algo que es mejor dejar a los ministros o profetas más experimentados. Si Dios revela algo con respecto a uno de estos asuntos, pregúntale si deberías decir algo, y si es así, cuándo y a quién. Si tienes dudas, pregunta a un líder maduro qué decir o hacer con respecto a esa palabra. Si cometes un error en alguna de estas áreas, discúlpate.

Por ejemplo, si Dios revela que alguien se va a casar con una persona, podrías simplemente escribirlo en un sobre cerrado y con fecha, y el día de la boda puedes dárselo a la pareja que se acaba de casar. De esta forma evitarás hacer afirmaciones que van más allá de tu desarrollo profético y causar una confusión innecesaria.

El ministerio profético no ha tenido buena reputación en el pasado porque algunas personas han usado mal una "palabra de Dios" para manipular a otros y forzarles a hacer cosas que no necesariamente deseaban. Tener pautas y rendir cuentas a otros ministros y profetas ayuda a proteger y cultivar una cultura profética sana y transformadora.

El don de profecía

El don de profecía es uno de los nueve dones del Espíritu Santo que describe el apóstol Pablo en 1 Corintios 12:4-11. Los que se dan cuenta de que tienen este don pueden usarlo en cualquier lugar por la fe. Para mí, no hay mucha diferencia si estoy en una iglesia, un supermercado, una esquina de la calle, una oficina, un prostíbulo o incluso en una feria esotérica: por la fe puedo profetizar porque sé que Dios siempre está hablando. Romanos 12:6 dice: "Así que si Dios te ha dado el don de profetizar, ejercítalo de acuerdo con la proporción de la fe que posees" (NBV). Esto significa que siempre intento mantener mi fe fuerte y mis "antenas espirituales" preparadas, para que en cualquier momento pueda recibir y dar un mensaje de Dios.

Cuando empecé por primera vez a moverme en lo profético en 2010, le pregunté a una profetisa en Tulsa cómo hacer evangelismo profético. Le dije: "¿Pido una indicación? ¿Voy a la caza del tesoro?". Ella respondió: "No, tan solo tienes el valor para acercarte a alguien y decirle lo que Dios quiere decirle". Así que esa noche fui a una farmacia y a dos gasolineras en las que me acerqué a desconocidos y dije lo que Dios quería decirles. Eso fue y sigue siendo algo que requiere mucho valor, pero me doy cuenta de que recibo mucha adrenalina cuando doy una palabra de conocimiento precisa o una palabra profética a un completo desconocido en la calle.

Kenneth Hagin describe a un profeta como alguien que opera no solo en el don de profecía, sino también de forma regular y fuerte tiene otros dos o tres dones del Espíritu operando en su vida.[21] Al menos tres o cuatro de los dones del Espíritu Santo se manifiestan regularmente en mi vida. Puedo orar en el Espíritu, orar por los enfermos, profetizar e interpretar lenguas por fe casi en cada momento y en cualquier lugar. Los dones del Espíritu son muy parecidos a los anillos de la bandera olímpica: están conectados y unidos entre sí. Yo puedo fácilmente estar hablando en lenguas y después recibir una palabra de conocimiento. Eso puede conducir a orar por sanidad, lo cual puede llevar de nuevo al ministerio profético. A algunos líderes les gusta diferenciar cuándo alguien está usando qué don.

Pero para ser sincero, yo no sé necesariamente si lo que estoy diciendo es una palabra de conocimiento o una palabra profética.

Por ejemplo, estaba en Budapest profetizando a un líder diciéndole que él llevaría grandes recursos y finanzas a su iglesia local. Mi intérprete me detuvo y dijo: "Eso es una palabra de conocimiento. Él ya lo hace".

"Eh... De acuerdo", respondí. "Y lo seguirá haciendo".

Un joven profeta en desarrollo me escribió y me preguntó por qué sabía de repente que personas estaban lidiando con el temor y pensamientos de suicidio. Yo respondí que estaba empezando a recibir palabras de conocimiento y discernimiento de espíritus. Cuando las personas se activan en el ministerio profético, es bastante normal que los otros dones comiencen a operar también en su vida. Los nueve dones del Espíritu Santo se han manifestado en mi vida en momentos distintos y en distintas medidas, sin embargo hay tres o cuatro que parecen ser más fuertes. Deseo seguir creciendo en ellos, pero también crecer en otros dones del Espíritu para poder servir mejor al cuerpo de Cristo.

La manera de descubrir si alguien tiene un don de profecía es escuchando a las personas profetizar mientras hacen ejercicios proféticos. A veces, hay individuos que destacan cuando los escuchas profetizar sobre ti y sobre otros. Mientras más practican las personas, más pueden desarrollar este don. Escúchales y escucha lo que sientes que el Señor puede estar diciendo por medio de ellas, porque algunos individuos puede que sean llamados no solo a tener un don de profecía sino al nivel más alto del ministerio profético: el oficio de profeta.

El oficio de profeta

> Y él mismo constituyó a unos, apóstoles; a otros, profetas; a otros, evangelistas; a otros, pastores y maestros, a fin de perfeccionar a los santos para la obra del ministerio, para la edificación del cuerpo de Cristo.
> — EFESIOS 4:11-12a
>
> Porque no hará nada Jehová el Señor, sin que revele su secreto a sus siervos los profetas.
> — AMÓS 3:7

El oficio de profeta es uno de los cinco dones ministeriales que Cristo ha dado a la Iglesia. Lo hizo para equipar a todos los creyentes para hacer la obra del ministerio y para verlos desarrollar vidas de estabilidad y madurez (ver Efesios 4:11-14). Los profetas trabajan junto a los apóstoles, pastores, evangelistas y maestros y nunca deberían trabajar en solitario. Así como los maestros enseñan a las personas a enseñar y los evangelistas ayudan a las personas a evangelizar, así los profetas enseñan a las personas a discernir la voz de Dios y declarar sus palabras.

Los principales dones ministeriales en los que la iglesia occidental se enfoca son los de maestro y pastor. Por lo tanto, hay muchos maestros y pastores destacados, pero hay relativamente pocos profetas conocidos. Necesitamos profetas. Los profetas son un don poderoso y necesario para el cuerpo de Cristo. Los profetas pueden ayudar a producir verdaderos cambios, incluyendo milagros y avances espirituales, a individuos, iglesias, comunidades e incluso naciones. Su ministerio a menudo conlleva milagros y avances espirituales.

Los profetas experimentados y hábiles no están limitados a fortalecer, animar y consolar a las personas, sino que también pueden operar en otras áreas como guía, corrección, sanidad, milagros creativos, adoración profética y guerra espiritual. Hay incluso profetas que cambian los patrones meteorológicos. Un ejemplo de un profeta contemporáneo (que no se refiere a sí mismo como profeta) es el Pastor Robert Morris de la Iglesia Gateway en Dallas (Texas). Tiene una gran experiencia en el ministerio profético y cuenta historias, como cuando Dios le dijo que su hija estaba embarazada. El único problema era que ella era médicamente incapaz de quedarse embarazada. Sin embargo, fue al médico y comenzó a tomar progesterona por si acaso se quedaba embarazada (sus niveles de progesterona eran demasiado bajos). Efectivamente, estaba embarazada y debido a esa palabra, ella y el bebé estaban sanos. Una profecía similar fue dada por una profetisa mexicana y amiga personal mía, Beatriz Romero. Mientras estaba en España, ella le dijo a una mujer de cincuenta años que en nueve meses iba a dar a luz a un niño sano. Y sucedió.

Así como hay muchos tipos diferentes de maestros y pastores, también hay muchos tipos diferentes de profetas con diferentes tareas y estilos. Hay profetas que profetizan en una canción, baile, pintando, o en un sermón. Otros profetizan a individuos, líderes empresariales o políticos. No permitas que tus ideas preconcebidas o estereotipos de cómo debe operar un profeta te impidan ver a los profetas contemporáneos. Un ejemplo de la vida real ilustra cómo funciona esto. Cuando Benjamín tenía cuatro años, lo perdimos de vista en un gran lago. Fui a buscar a un niño pequeño con un chaleco salvavidas puesto. Vi a un niño rubio precioso jugando en el agua, pero no tenía el chaleco salvavidas que yo estaba buscando. Seguí buscando el chaleco salvavidas. Poco después, mi esposa encontró a Benjamín. ¡Era ese niño rubio que yo había visto! Se había quitado su chaleco salvavidas y eso me impidió reconocer su verdadera identidad.

Jesús dijo una vez que ningún profeta es honrado en su propia ciudad (ver Lucas 4:24). Cuando las personas están familiarizadas con un individuo, es posible que no sean capaces de ver el llamado y el don que hay en su vida. Los nazarenos no podían imaginarse que Jesús fuera un profeta poderoso, ya que conocían a toda su familia. Mantengamos una mente abierta para poder reconocer a los profetas. ¿Qué te impide ver a las personas que Dios está llamando a ser profeta? A menudo he profetizado a personas: "Tú eres un profeta. Vamos, profetiza". Ellos son como águilas a los que se les permite volar alto cuando comienzan a profetizar de forma poderosa y precisa. Se les permite ponerse un manto de profeta aunque no tuvieran ni idea de que podían llevarlo.

Tenemos que levantar una nueva generación de profetas que sepan cómo trabajar junto a otros líderes. Así es como los ministerios se *complementan* unos a otros. Un profeta nunca usurpa la autoridad de un pastor o líder de una iglesia local, sino que se coordina con ellos para edificar la iglesia. Siempre que ministro en una iglesia, dejo claro que estoy bajo la autoridad de los líderes de ese ministerio. Ellos tienen el derecho de darme sus comentarios y corregirme. La autoridad de un profeta en una iglesia se la concede su liderazgo, no la puede usurpar el profeta. A los verdaderos profetas les encanta la gente y edificarles (ver 1 Corintios 14:4-5), pero de los falsos profetas la Biblia dice: "No habéis subido a las brechas, ni habéis edificado un muro alrededor de la casa de Israel, para que resista firme en la batalla en el día de Jehová" (Ezequiel 13:5).

Los profetas son guerreros de oración. Cuando un guerrero se ponía en la brecha sobre el muro defensivo de una ciudad, estaba diciendo a las fuerzas enemigas: "Solo entrarán en mi ciudad pasando por encima de mi cadáver". Este es el rol del profeta: se pone en la brecha y defiende contra el enemigo.

La oración es un elemento esencial en el oficio de profeta. El profeta holandés Wim Kok tiene una vida familiar ocupada con cinco hijos; sin embargo, a menudo cuando lo llamo está orando. Lo que más le gusta es adorar a Dios y orar por las personas. Nunca olvidaré cuando él no dejaba de despertarme cada noche durante un viaje que hicimos a Kiev. Él estuvo orando suavemente a Dios toda la noche. Para él, la oración es el mayor placer en esta vida. Varios profetas experimentados que conozco fueron en un tiempo pastores a cargo del ministerio de la oración en sus iglesias. Pasaban horas a la semana orando. Esta vida de oración es la razón por la que Dios puede confiar sus secretos a sus profetas, porque realmente son sus amigos (ver Amós 3:7).

Los profetas cuidan de sus comunidades, iglesias y ciudades. Los verdaderos profetas edifican comunidades para crear lugares donde las personas pueden encontrar seguridad, sanidad y fortaleza para superar las dificultades de la vida. Los profetas ayudan al pueblo de Dios a alcanzar cosas que pensaban que eran imposibles. Por ejemplo, Hageo y Zacarías motivaron a los hebreos a reconstruir el templo en un momento en el que pensaban que sería imposible (ver Esdras 5:1-2). Moisés guió a los israelitas para cruzar el Mar Rojo (ver Éxodo 14:21). Jesús alimentó a miles de personas con unos pocos panes y peces. A otros los resucitó de la muerte (ver Juan 6:1-14; 11:43-44).

Cuando era pequeño, veía cómo profetas producían cambios significativos en las iglesias que ayudábamos a empezar en los Estados Unidos. Los pocos profetas que conocimos tuvieron un impacto importante en nuestras vidas y ministerios. Eran personas que pasaban horas orando y tenían tiempos regulares de ayuno. La manera en la que crecían en el ministerio profético era pasando tiempo en la presencia de Dios. Pasar tiempo de calidad en oración es vital e importante, pero los profetas también pueden ser mentoreados y entrenados para acelerar este proceso de crecimiento. Graham Cooke, en su libro *Developing Your Prophetic Gifting* (Cómo desarrollar tu don profético),[22] dice que normalmente un individuo necesita alrededor de veinte años para convertirse en un profeta maduro, pero este tiempo se puede reducir a doce años si recibe mentoría y entrenamiento profético.

Crear espacio para la profecía en la iglesia

Para los líderes que leen este libro y se preguntan: "¿Qué debería hacer con los profetas en mi iglesia local?", permíteme darte algunos consejos.

En primer lugar, lee las Escrituras y todos los libros que puedas que describan la profecía contemporánea bíblicamente sana. En segundo lugar, encuentra a alguien que tenga un ministerio profético floreciente. En los Países Bajos es más fácil encontrar ministerios proféticos fuertes que hace diez o veinte años. En tercer lugar, ten alguien que pueda enseñar eficazmente, demostrar y activar tanto a ti como a los líderes de tu iglesia en la profecía. En cuarto lugar, entiende que probablemente ya hay personas en tu iglesia que tienen un fuerte don profético. Puede que incluso algún día reciban el llamado a ser profetas. Una de estas personas podría ser tú. Sin embargo, sin desarrollar intencionalmente esta área es menos probable que se desarrollen tu iglesia.

Finalmente, lidera tú el cambio. Sé consciente, sin embargo, de que no necesitas a un profeta para desarrollar un ministerio profético en tu iglesia. Lo profético realmente no se trata de un ministerio profético; se trata de conocer y escuchar a Jesús. Cualquiera puede crecer en su sensibilidad y habilidad para oír la voz de Dios. El ministerio profético no es solamente para unos pocos individuos escogidos, sino para todos los creyentes. Por eso yo enseño en escuelas de profecía. Algunas iglesias han experimentado muy poco fruto duradero, y otras experimentan un cambio radical. La diferencia entre las dos es el liderazgo de la iglesia. En las iglesias donde los líderes comenzaron a profetizar y a sanar enfermos, sus iglesias a menudo siguieron. Los profetas también son carne y sangre, y nunca deberían ponerse en un pedestal. Ni los profetas en la Biblia ni los profetas actuales son infalibles. Los profetas necesitan amigos que se interesen por ellos como personas y no simplemente por el llamado de Dios en sus vidas. Los profetas no siempre son conscientes del impacto de sus palabras.

Un día, estando en una barbacoa en Tulsa (Oklahoma), me acerqué a un hombre y le pregunté si podía orar por él. Él me dijo: "Claro". Entonces comencé a describirlo como un empresario y a hablarle sobre las empresas que estaba considerando empezar. Le hablé sobre el equipo médico que iba a vender. Le dije que sentía que Dios decía: "Adelante, ahora es el tiempo".

Más adelante descubrí que Tim había dejado su empresa para convertirse en el líder de alabanza en una iglesia local en

Tulsa. Un día su esposa, que era enfermera, se quejó de las dificultades que habían tenido sus pacientes con sus tubos de plástico cuando estaban en tratamiento de oxígeno. Tim tuvo una idea. Desarrolló un control remoto que ayudaba a los pacientes a enrollar sus tubos de oxígeno. Comenzó a investigarlo y a hablar de ello a empresarios que pudieran ayudarle a financiarlo. También hizo un prototipo.

Ese fin de semana estaba esperando en Dios para que le diera una confirmación sobre si debía pedir una segunda hipoteca para su casa e invertir en ese invento. Entonces yo me acerqué a él y le di esa palabra profética. Así es como él lo describe:

> Cuando usted terminó, recuerdo mirar con asombro y preguntarle seriamente: "¿Ha hablado con mi esposa?". A lo cual usted se rió y respondió: "Hermano, no le conozco. Definitivamente no he hablado con su esposa". Yo no podía creer lo específico que fue cuando habló sobre mi vida. Después hablé con mi esposa y decidimos ir adelante. Tomamos el préstamo y seguimos desarrollando el aparato. Casi tres años después hemos conseguido dos patentes. Sacamos el aparato al mercado en julio de 2017 y hemos vendido más de quinientas unidades en todo el mundo. Ni siquiera le hemos dado publicidad aún, solo tenemos una página web y una página de Facebook. ¡Nuestros clientes están muy agradecidos! Las personas que no están con oxígeno no pueden entender el grado de sufrimiento que se añade a la vida de una persona al estar conectado a un tubo largo y difícil de manejar.

> Estamos dialogando sobre el siguiente paso con dos hombres piadosos que están interesados en invertir en nuestra empresa. Aunque el Señor nos bendice abundantemente, este ha sido un viaje difícil. Estamos ante una montaña de deuda, y aunque hemos vendido muchas unidades, hemos vuelto a invertir casi cada dólar en la empresa. Obviamente, no hay vuelta atrás para nosotros ahora. Creo completamente que el Señor nos ha dirigido por este desierto y nos sacará a un buen lugar. Esta empresa y este aparato serán una bendición para el mundo, como usted profetizó. Mi esposa y yo vivimos de manera sencilla; nuestras vidas y todo lo que tenemos será empleado en el reino de Dios. Estamos muy agradecidos de que usted fuera obediente a Dios y me diera esa palabra.

La historia de Tim aún no ha terminado, pero la nuestra tampoco. Quizá Dios no te está llamando a ser profeta, pero nos está llamando a todos a profetizar. En el capítulo siguiente quiero compartir una clave sencilla que te permitirá crecer en la profecía.

PROFETIZA – *¡SOLO HAZLO!*

EJERCICIO 1
Profetiza a todo un grupo (grupo)
A veces tendrás la oportunidad de profetizar a todo un grupo. Los profetas en la Biblia profetizaron a ciudades y naciones enteras. Para este ejercicio, da una palabra que se aplique a todos los presentes. Diles lo que Dios quiere decirles como grupo. Cuando

profetices a un grupo o iglesia, considéralos como una persona y habla como si fueran uno.

EJERCICIO 2
Profecía de palomitas de maíz (grupo)
Cuando tienes un gran grupo de personas y un tiempo limitado, tienes que ser capaz de dar una palabra corta a cada persona y continuar. No tiene que ser una palabra larga para que sea poderosa. Si tienes un grupo grande, ve rápidamente y dale a cada persona un corto impacto profético de quince o veinte segundos. Este ejercicio es bueno para que dejes de confiar en tu propio pensamiento y confíes en que Dios hablará cuando tú abras tu boca.

EJERCICIO 3
Interpreta un sueño (grupo)
Las interpretaciones y el verdadero sentido de los sueños vienen de Dios (ver Génesis 40:8). Que alguien comparta un sueño que haya tenido, y pregúntale a Dios qué significa. Comparte lo que piensas que Dios está diciendo.

EJERCICIO 4
Interpreta un nombre (individual)
Tu nombre no te fue dado por accidente. Investiga el significado de tu nombre. Pregúntale a Dios qué dicen tu nombre o tus nombres sobre tu verdadera identidad.

EJERCICIO 5
El profeta ciego (individual)

La forma más fácil de profetizar es cuando no sabes a quién estás profetizando. Entonces simplemente di lo que sientes y ves. Este ejercicio se puede hacer como el ejercicio "Uno sobre todos" salvo que la persona que profetiza tiene sus ojos cerrados. Que otra persona en el grupo señale a la persona a la que está profetizando el profeta ciego. Que el profeta también profetice sobre él mismo sin saberlo. Mis profecías favoritas son palabras que he declarado sobre mí mismo sin siquiera saber que estaba profetizado sobre mí. Asegúrate de que alguien grabe tu profecía cuando profetizas sobre ti para que pueda oírlo después.

EJERCICIO 6
Profetiza sobre ti mismo (individual)

Las personas más difíciles sobre las que profetizar son las personas a las que conoces muy bien, como tus hijos o tu cónyuge. Profetizar sobre ti mismo también es muy difícil, sin embargo, deberías practicarlo. Consigue una grabadora y comienza profetizar sobre ti mismo. Las palabras que declaras pueden ser una profecía que se cumple por sí sola. En el Salmo 103 David le dice a su alma que bendiga al Señor, repetidamente. Habla a tu corazón, adora a Dios y profetiza sobre ti mismo.

EJERCICIO 7
Recibir palabras de conocimiento usando un trampolín (grupo)

La persona en medio le pide a Dios información sobre la persona que tiene delante usando una frase "trampolín". Puede ser decir palabras como: "Las personas te han dicho…", "Tú has dicho…", "¿Tienes dolor en…?", "¿Hay alguien aquí que…?", "Cuando tenías… años…". Después de la frase "trampolín", deja que fluya una palabra de conocimiento. Toda la información se puede probar fácilmente para ver si la persona ha sintonizado con el fluir profético de revelación, o si simplemente está adivinando.

Una noche estaba entrenando a una amiga mía en la profecía. Ella se levanta cada mañana a las 4:30 para orar y pasar un tiempo importante con Dios diariamente. Le di algunos trampolines y llamé a algunos amigos míos. "Diles lo que ocurrió ayer", o "Diles lo que han dicho o lo que otras personas han dicho sobre ellos". El noventa por ciento de lo que ella dijo a las personas fue preciso. Tenía un don profético muy fuerte pero necesitaba un trampolín como este para activarlo.

CAPÍTULO 5

Enseñar a los niños a profetizar

> Y dijo: De cierto os digo, que si no os volvéis y os hacéis como niños, no entraréis en el reino de los cielos.
> — MATEO 18:3
>
> Antes que te formase en el vientre te conocí, y antes que nacieses te santifiqué, te di por profeta a las naciones.
> — JEREMÍAS 1:5

La profecía no es solo para los adultos, sino también para los niños. Mi cuñada Esther fue una vez a la reunión de padres y maestros para hablar sobre las calificaciones de su hija que entonces tenía nueve años, Gracie. Al entrar en la clase, la maestra dijo: "¿Sabías que tu hija Gracie es profetisa?".

La maestra, una viuda, había perdido a su esposo. Le habían robado y asesinado, y ella estaba triste y pensando: "Mi vida no tiene color. Mi vida es totalmente en blanco y negro. Solo tengo tristeza, sufrimiento y dolor".

Todos los niños estaban ocupados coloreando cuando la pequeña Gracie se acercó a la mesa de la maestra. Le preguntó si le podía enseñar algo. Era un dibujo lleno de colores. "Maestra, Dios dice que tu vida está llena de muchos colores. Dice que tienes muchos talentos y dones especiales. Mira, observa los colores, cada uno de ellos representa dones en tu vida".

Gracie procedió a describir cada color como algo especial que su maestra tenía en su vida. Su maestra se quedó impactada. Dios usó a esta pequeña para hablar a través del dibujo que había coloreado, y esa mañana cambió su vida. Todavía conserva el dibujo, y a menudo habla sobre la pequeña profetisa rubia de nueve años en su clase.

La Biblia está llena de ejemplos de Dios usando a personas de corta edad. Jesús tenía doce años cuando asombró con su conocimiento a los fariseos y maestros de la ley en el templo (Lucas 2:41-52). Samuel era tan solo un muchacho cuando Dios comenzó a hablarle por primera vez (1 Samuel 3:10-11). Dios le dijo a Jeremías: "No digas: Soy un niño; porque a todo lo que te envíe irás tú, y dirás todo lo que te mande" (Jeremías 1:6-7). Un niño compartió su merienda con Jesús para poder alimentar a miles de personas (Juan 6:9).

El profeta Jeremías dice: "todos me conocerán, desde el más pequeño de ellos hasta el más grande, dice Jehová" (31:34). La Biblia también afirma: "Y en los postreros días, dice Dios, derramaré de mi Espíritu sobre toda carne, y vuestros hijos y vuestras hijas profetizarán; vuestros jóvenes verán visiones, y vuestros ancianos soñarán sueños…y profetizarán" (Hechos 2:17-18).

Dios habla a los niños. Munday Martin describe cómo su hijo de tres años les ayudó a evitar un accidente de tráfico potencialmente mortal. Una mañana, un amigo le dijo: "Munday, escucha a tus hijos porque Dios te va a hablar a través de ellos". Esa noche mientras conducían a casa, su hijo dijo: "Mamá, choco con un camión". La esposa de Martin le dijo que frenara y se moviera a otro carril. Treinta segundos después, vieron un camión que se había detenido en medio del carril por el que circulaban a noventa kilómetros por hora. Se habrían chocado contra el camión si no hubieran prestado atención a las palabras de su hijo de tres años. [23]

Mis ministros proféticos favoritos son mis propios hijos. Cuando tenemos devocionales familiares, leemos la Biblia, oramos y le pedimos a Dios que nos hable mediante una imagen. A veces, las cosas que mis hijos ven son simplemente sus propias imaginaciones, pero a veces realmente tienen una palabra de Dios. Un día le pedí a Hannah que le pidiera Jesús una imagen para alguien. Sin saber quién era, ella dijo: "Veo notas musicales y creo que Dios dice que le encanta tu música y quiere que hagas música". La persona a la que había enviado esto estaba sentada en casa con su guitarra preguntándose si debía empezar a tocar de nuevo. Cuando ella recibió esa palabra de Hannah, supo que Dios estaba respondiendo a su oración. Ella es ahora la maestra de guitarra de mis hijos. Esa palabra profética tuvo un gran fruto musical para su vida y la nuestra. En una iglesia que visitamos una vez, mi hijo Levi que entonces tenía siete años, le dijo a una mujer: "Veo rosquillas encima de tu cabeza".

Todos se rieron, porque ella estaba al frente de la hospitalidad y recibía las rosquillas para las reuniones de la iglesia.

Una persona a la que entrené en profecía es maestra en una escuela cristiana. Ella pidió a sus estudiantes de primaria que le pidieran a Jesús que les hablara en una imagen. Cada uno de ellos recibió una imagen de Jesús. ¡Profetizar es algo perfectamente normal para los niños!

Según nos hacemos mayores, muchos perdemos la libertad y creatividad que teníamos de niños. Muchos básicamente dibujamos del mismo modo que dibujábamos cuando teníamos diez o doce años; nuestra creatividad parece detenerse en torno a esa edad. A medida que nos hacemos mayores nos volvemos cada vez más inhibidos. Esto es parte de la razón por la que Jesús dijo que debemos ser como niños para entrar en el reino de los cielos (Mateo 18:3).

A menudo, los profetas tienen fe como la de un niño. Un amigo mío me dijo: "Si una pared es roja pero Dios dice que es azul, yo creo a Dios". Eso es fe como la semilla de mostaza que Dios puede usar para mover montañas. Otro profeta comienza a llorar como un niño siempre que siente la presencia de Dios. Yo le llamo el profeta llorón porque tiene mucha sensibilidad y amor por la presencia de Dios.

A lo largo de la historia de la Iglesia hay relatos de actos de Dios que han involucrado a los niños. Durante mi último año de secundaria, algunos de los estudiantes habíamos pedido a Dios que hiciera algo especial ese año. El 31 de octubre durante nuestra reunión tuvimos una visitación de la presencia manifiesta de Dios. El pastor Billy Joe Daugherty reconoció eso y nos envió a todos los estudiantes de secundaria a ir a orar por los estudiantes más pequeños. Ese día tuvo un impacto enorme. No tuvimos clase, ya que los estudiantes y los maestros estaban siendo tocados por la presencia de Dios. Recuerdo entrar en las clases de primaria y experimentar la presencia tangible de Dios. ¡Dios nos visitó! Los estudiantes cayeron bajo el poder de Dios y comenzaron a llorar. Oramos como nunca antes. Los que experimentamos aquello, aún hablamos de lo que ocurrió ese día.

Ayudar a los niños a crecer

El mejor tiempo para formar a las personas para que sigan a Cristo es cuando son niños. Proverbios 22:6 dice: "Instruye al niño en su camino, y aun cuando fuere viejo no se apartará de él". Si un niño experimenta a Dios a una edad temprana, nunca lo olvidará.

Yo tenía once años cuando conscientemente conocí a un profeta por primera vez. Él simplemente puso su mano sobre mí y me dijo lo mucho que Dios me amaba. Esas palabras sencillas me impactaron profundamente. Durante las siguientes cuarenta y ocho horas sentí como si estuviera en la palma de la mano de Dios. También comencé a ver más imágenes cuando adoraba y oraba.

Los llamados también pueden ser claros desde una edad muy temprana. Recuerdo viajar con mi padre siendo niño y verlo predicar y orar por los enfermos. Mi mayor deseo era ser algún día como mi padre y hacer las cosas que él hacía. Ahora estoy haciendo lo que mi padre hacía y enseñando a otros a hacer lo mismo.

Habiendo dicho eso, a los niños se les debe permitir ser niños. No fuerces a los niños a ministrar. No pongas la responsabilidad de grandes decisiones sobre sus hombros. Como adultos, somos responsables de cultivar lo profético en nuestros hijos mientras los protegemos. En una iglesia donde ministraba con Hannah y Levi, Levi se aburría y quería jugar videojuegos mientras Hannah y yo terminábamos de profetizar sobre el resto de las personas.

Anima a los niños y dales la oportunidad de crecer en el ministerio profético. Aliéntalos incluso cuando las cosas que dicen quizá no sean totalmente precisas o correctas. Sé un mentor que les ama y anima. Puedes ayudar o entorpecer el crecimiento de tus hijos en lo profético.

Yo tenía doce años cuando comencé a profetizar en un grupo en casa. Mi padre me hizo callar porque sintió que yo era demasiado joven para profetizar. Aunque crecimos en una iglesia que creía en los dones del Espíritu Santo y la profecía, aún se veía como algo misterioso e incluso posiblemente peligroso. Recientemente supe por qué mi padre me calló en ese momento. Dijo que mi palabra profética era incorrecta. Yo estaba profetizando cosas asombrosas a un hombre que no era ni mucho menos tan bueno como yo lo describía. Mi papá hizo lo correcto al detenerme en ese momento, y definitivamente tenía la autoridad para hacerlo. La parte desgraciada fue que yo no tuve la oportunidad de desarrollar más este don durante años. Dios me hablaba, pero fue en el año 2010 cuando descubrí que podía desarrollar y hacer crecer intencionalmente el ministerio profético.

Ayudar a los niños a profetizar es muy sencillo. Así es como yo lo hago: mis hijos y yo cerramos los ojos y le pedimos a Jesús que nos muestre una imagen. Compartimos esa imagen que vemos y después le pedimos a Jesús que nos dé el significado de la imagen. Yo me he quedado asombrado con las imágenes y los significados que mis hijos han dado a veces.

Un día, Levi dijo: "Veo pantalones".

"Levi, ¿qué quiere Jesús decir con eso?", le pregunté.

"Creo que igual que los pantalones nos mantienen protegidos y calientes, creo que Jesús dice que quiere mantenernos protegidos y calientes".

Me quedé impactado por la simplicidad y belleza del mensaje que mi hijo me acaba de dar.

Es normal que padres y madres que entreno me envíen mensajes proféticos de sus hijos. A menudo, antes de irse a la cama y hacer su tiempo de oración, dedican un tiempo a pedirle a Jesús una palabra o imagen. Una niña, sin conocerme de nada, me envió una palabra diciendo que Dios me iba a usar por todo el mundo. Una niña de seis años comenzó a profetizar sobre mí y toda mi familia cuando su mamá y su papá empezaron a grabar aquí. Sus palabras fueron muy sencillas, pero también de mucha fortaleza, ánimo y consuelo.

En una iglesia en Nevada vi a una niña de doce años recibir palabras precisas de conocimiento y ver producirse muchas sanidades cuando oraba por las personas. En Oradea (Rumanía) vi a una niña de siete años sanando a los enfermos y disfrutando absolutamente la conferencia profética. Ella dijo: "Si papá y mamá me llevan con la abuela la próxima vez que haya una conferencia profética, ¡me enojaré mucho con ellos!". Los niños realmente pueden amar a Dios de una forma que nosotros los adultos deberíamos aprender.

Mi hija agarra un micrófono con gran valor y comienza a profetizar o a orar por la sanidad de alguien. Si Dios puede usarle a ella, puede usar a cualquiera. No veas a los niños como molestias a los que hay que cuidar mientras hacemos la "verdadera" iglesia. Ellos son hijos de Dios que pueden también oír su voz. Con dieciocho años escribí parte de la misión de mi vida, la cual sería "levantar una nueva generación de adoradores... que den a conocer la vida, el poder y la voz de Dios al mundo". En otras palabras: cambia mundo, ¡comenzando con tus hijos!

Titulé este capítulo "Enseñar a los niños a profetizar", pero los niños también pueden enseñarnos algo sobre la profecía. Todos y cada uno de nosotros tenemos que volvernos como niños para poder profetizar. A menudo estamos demasiado preocupados con respecto a profetizar. Dios es nuestro Papi, y le encanta hablar a sus hijos. Entonces, ¿qué te impide profetizar y enseñar a tus hijos?

Si anhelas crecer en lo profético como familia, también puedes usar el curso profético de Jennifer Toledo *Eyes that See and Ears that Hear* (Ojos que ven y oídos que oyen). En su libro *Children and the Supernatural* (Los niños y lo sobrenatural), Toledo comparte muchas historias inspiradoras sobre cómo actúa Dios a través de los niños.[24]

PROFETIZA — *¡SOLO HAZLO!*

EJERCICIO 1
Dibuja una imagen (familia/grupo)
Haz que los niños (o adultos) oren por alguien y después le pidan a Jesús una imagen para esa persona. Haz que dibujen la imagen y después expliquen lo que creen que Jesús quiere decirles. Mi hijo una vez dibujó una imagen de mí montado en un caballo como un caballero matando a un dragón. Una semana después, un amigo mío tuvo un sueño profético donde yo montaba a un caballo matando a un dragón. Inmediatamente le envié una copia del dibujo de mi hijo. ¡Qué confirmación tan maravillosa!

EJERCICIO 2
Envía una palabra de ánimo a alguien que no esté presente (individual/familia/grupo)
Que tu hijo diga lo que cree que Jesús quiere decirle a alguien. Envía esa palabra a esa persona, por ejemplo vía WhatsApp o Facebook. Puedes enviarla como un mensaje de texto o grabarlo como un video o una nota de audio. Cuando sea posible, pide al receptor sus comentarios.

EJERCICIO 3
Llama a alguien y profeticen mutuamente (individual/familia)
Un amigo mío desarrolló un ejército profético divertido que tú también puedes practicar con tus hijos. Él llama a un amigo y le pregunta: "¿Cómo *estoy*?". Entonces la otra persona le pregunta a Dios y comienza a compartir lo que siente, ve u oye.

EJERCICIO 4
Pregúntale a Dios qué puede ocurrir esta semana, mes(es) o año (individual/familia)
Le puedes pedir a Dios detalles de lo que podría pasar en el futuro. Escribe las cosas, y así siempre puedes revisar tu diario para ver si se cumplen. Aunque esto puede que no siempre ocurra, es alentador ver cuando sí sucede.

Dios regularmente les dice a los niños lo que ocurrirá. Cuando un amigo mío cubano tenía unos once años, Dios le dijo que iría a los Estados Unidos un mes antes de cumplir catorce años y que viajaría a otro país. Este amigo se lo dijo a su familia, y no le creyeron; pero efectivamente, todo ocurrió como Dios había dicho.

A veces llamo a un amigo y le pedimos a Dios que comparta con nosotros cuál es el tema, la meta, los desafíos y las estrategias para los tres meses siguientes. Escribimos lo que vemos, y sorprendentemente Dios nos ha hablado de formas significativas con este ejercicio.

EJERCICIO 5
Rueda dentro de una rueda (grupo)

Divide a todo el grupo en dos grupos distintos. Que un grupo haga un círculo interior y que el otro grupo le rodee. El grupo interior se pondrá mirando al grupo exterior, y todos los del grupo interior profetizarán sobre el otro grupo. Haz que las personas del círculo interior giren en el sentido de las agujas del reloj para que tengan una nueva persona a la que profetizar. Después de un rato, que el grupo exterior de personas profeticen sobre el grupo interior.

Este es un gran ejercicio para que todos profeticen y reciban palabras proféticas. Combínalo con otros ejercicios como 'El profeta ciego' (capítulo 4, ejercicio 5) o 'Recibir palabras de conocimiento usando un trampolín' (capítulo 4, ejercicio 7) para variar las cosas. Me gusta usar este ejercicio al final de las noches proféticas para poder recibir ministerio profético y evaluar el fluir profético de las personas.

CONCLUSIÓN
Crear una cultura profética saludable

Hay mucha enseñanza disponible sobre cómo ser pastor, maestro e incluso evangelista, pero hay relativamente poco con respecto al ministerio del profeta. Muchas personas que sienten ese llamado en sus vidas no saben dónde ir para conseguir este tipo de ayuda y mentoría. Cuando yo comencé, encontré pocos recursos que pudieran ayudar en el desarrollo del ministerio del profeta. Es mi oración que este libro, entre otros muchos, se convierta en uno de esos recursos. Espero que este libro enseñe a las personas a profetizar y a levantar nuevos profetas. Deberíamos hacer lo mismo que Samuel, Elías y Eliseo: todos levantaron escuelas de profetas para establecer una nueva generación de profetas para su tiempo. Es uno de mis grandes gozos ver comunidades de profetas crecer y destacar en el ministerio profético. Desde el año 2010 he organizado escuelas de profecía por todo el mundo. Recuerdo muy bien la primera vez que lo hice. Me sorprendí mucho al ver los grupos tan grandes de personas de todas las edades que comenzaban a profetizar bíblicamente con valentía y precisión. He visto a cientos de personas activadas y creciendo en un ministerio profético preciso y transformador.

Siempre que viajo, me esfuerzo por llevar equipos conmigo e identificar profetas emergentes en diferentes ciudades del mundo. Esta es una forma deliberada y estratégica de ser mentor de una nueva generación de ministros proféticos y profetas. También alimento intencionalmente y cultivo relaciones con profetas experimentados y en desarrollo.

La mejor forma de aprender algo es junto a otras personas. ¿Quieres aprender a profetizar? Busca otras personas con las que puedas crecer en el ministerio profético. Practica y experimenta con regularidad con los diferentes ejercicios de activación descritos en este libro para fortalecerte más en tu don. No te sientas obligado a hacerlos todos, sino experimenta para ver distintas maneras en las que Dios puede hablarte.

Los líderes de la iglesia pueden promover una cultura en la que la profecía sea normal y común. Muchas iglesias confían demasiado en sus pastores. Los pastores hacen toda la obra ministerial y los cristianos comunes sencillamente los observan. Esto no solo no es saludable, tampoco es bíblico. Pablo habla de un equipo ministerial quíntuple de apóstoles, profetas, evangelistas, pastores y maestros (Efesios 4:11-13). Activar personas y dejarles participar es esencial para crear una iglesia fuerte y saludable. Mi mayor éxito no es cuando *yo* profetizo, predico, enseño, pastoreo o sano a los enfermos, sino cuando consigo ver a aquellos a los que he entrenado profetizando, predicando, enseñando, pastoreando o sanando a los enfermos. ¿Qué pasos puedes dar como líder para crear una cultura profética saludable en tu iglesia?

CREAR UNA CULTURA PROFÉTICA SALUDABLE 141

1. Asegúrate de que las personas entiendan la diferencia entre la profecía en el Antiguo Testamento y en el Nuevo Testamento. Aquí es donde las personas están llenas de gracia y verdad y no solo de la ley (Juan 1:17). Sean líderes y sean profetas que están llenos de amor, humildad, generosidad y valentía.
2. Crea una cultura donde todos puedan participar. Usa los ejercicios descritos en este libro para activar lo profético en tu vida y en las vidas de las personas de tu iglesia. Si esto es totalmente nuevo para ti, busca profetas fuertes que tengan más experiencia en lo profético y aprende de ellos.
3. Crea un entorno seguro donde las personas puedan profetizar y recibir ministerio profético. Podría ser una noche profética una o dos veces al mes dedicada al ministerio profético. Puedes establecer equipos de ministerio profético que puedan profetizar a las personas antes, durante o después de las reuniones de la iglesia. Entrena a toda tu iglesia para profetizar, no solo a personas "especiales".
4. Anima a las personas a profetizar fuera de la iglesia en el transcurso de sus vidas diarias comunes. El ministerio profético no es solo para la iglesia, sino también para todas las áreas de la vida. A Dios le encanta hablar a las personas en los supermercados o en las calles.
5. Enseña a otros todo lo que sabes y llegarás a saber mucho más. Por eso me encanta enseñar, demostrar y activar

a personas en lo profético, crear comunidades o "escuelas" de profetas y ministros proféticos. Así como los peces nadan juntos, los cristianos pueden "nadar" en el espíritu de la profecía juntos. "Mejores son dos que uno", y un equipo es mejor que dos personas (ver Eclesiastés 4:9).

6. Las redes sociales son buenos canales para aprender sobre la profecía y mantenerse en contacto con otros profetas. Yo uso grupos de WhatsApp, Facebook y Zoom para ser mentor y entrenar líderes por todo el mundo en el ministerio profético.

7. Lee buenos libros sobre este tema. Tendrás más confianza y aprenderás sobre la profecía. Evitarás cometer algunos errores. Es fantástico aprender de tus propios errores, ¡pero es incluso mejor aprender de los errores de otras personas!

En el año 2010 mi mundo fue radicalmente sacudido por un profeta que me dijo: "Todo lo que yo puedo hacer, tú lo puedes hacer mejor. Solo hazlo". Desde entonces, les digo a las personas que quieren crecer en la profecía: "Solo hazlo".

¿Conoces la historia de Elías? Él dejó su manto de profeta a Eliseo, el cual hizo el doble de milagros que Elías. Con este libro te dejo mi manto de profeta. Es mi oración que todos los que recojan este manto experimenten lo que yo he experimentado con Dios, ¡y aún mucho más! Ese es mi deseo para mis hijos, pero también para mis lectores y las personas a las que enseño. Entonces, ¿quieres aprender a oír la voz de Dios y a declarar sus palabras? ¿Quieres profetizar?

¡SOLO HAZLO!

Notas

LA VISIÓN
1. Foster, R. (2008). *Prayer: Finding the Heart's True Home*. London: Hodder & Stoughton, p. 261.
2. Foster, ibid., p. 262.

CAPÍTULO 1
3. facebook.com/cominodevida.bolivia (consultado en línea 10 de diciembre de 2018).

CAPÍTULO 2
4. Bruce Foster enseñó esto en mayo de 2016 en nuestra iglesia en Ámsterdam.
5. Citado en Keller, T. *Humility*. Sermón en gospelinlife.com/humility-6125 (consultado en línea 10 de diciembre de 2018).
6. Casi todas las preguntas sobre hablar en lenguas y el bautismo en el Espíritu Santo son respondidas en Basham, D. (1969). *Ministering the Baptism in the Holy Spirit*. New Kensington, PA: Whitaker House.
7. vineyardchurche.org.uk/articles/how-thevineyard-began (consultado en línea 3 de octubre de 2018).
8. Eckhardt, J. (2009). *God Still Speaks*. Lake Mary, FL: Charisma House, p. 10.
9. Hagin, K. (2006). *How You Can Be Led by the Spirit of God*. Tulsa, OK: Faith Library Publications, p. 119.
10. Wimber, J. y Wimber, J. & Springer, K. (2009). *Power Evangelism*. Grand Rapids, MI: Chosen Books, p. 7.

CAPÍTULO 3
11. Putman, P. (2013). *School of Kingdom Ministry Manual*. Oklahoma City, OK: Coaching Saints Publications, p. 10.
12. Vallotton, K. (2015). *School of the Prophets*. Bloomington: Chosen Books, p. 77.
13. Hagin, p. 120.
14. Tucker, C. (2004). *In Search of Purpose ... En Route to Destiny*. Tulsa, OK: Polished Arrows International, p. 47.
15. thequietstreet.wordpress.com/2012/07/22/if-the-spirits-not-moving-will-move-him (consultado en línea 13 de diciembre de 2018).
16. Hagin, p. 75.
17. Vallotton, K. (2005, edición ampliada 2014). *Basic Training For The Prophetic Ministry*. Shippensburg: Destiny Image, p. 34.

CAPÍTULO 4
18. Bickle, M. (1995). *Growing in the Prophetic*. Eastbourne: Kingsway Publications, pp. 183-191.
19. Bolz, S. (2015). *Translating God*. Glendale, CA: ICreate Productions.
20. Iglesia Crusaders (2004). *School of the Prophets*, p. 17.
21. Hagin, K., p. 114.
22. Cooke, G. (1994). *Developing Your Prophetic Gifting*. Tonbridge, Kent: Sovereign World Ltd., 199-201. Descubrí esto en Harrisson, D. (2013). *The Power of Prophetic Teams*. Belleville, ON: Essence Publishing, Kindle Locations 199-202.

CAPÍTULO 5
23. godencounters.com/youth-awakening-worldwide-revival-among-children/ (consultado en línea 13 de agosto de 2018).
24. Toledo, J. (2007). *Eyes that See and Ears that Hear*. Dinuba: Global Children's Movement, y Toledo, J. (2012). *Children and the Supernatural*. Lake Mary: Charisma House.

Libros recomendados

Bolz, S., *Interpretando a Dios: Escuchando a Dios Para Ti Mismo & Para El Mundo Que Te Rodea*. Glendale, CA: Icreate Productions, 2017.

Bolz, S., *Los Secretos de Dios: Una Vida llena de Palabras de Conocimiento*. Glendale, CA: Icreate Productions, 2017.

Eckhardt, J., *El Manual del Profeta*. Lake Mary, FL: Casa Creacion, 2017.

Foster, R., *La Oración: Verdadero refugio del alma Eugene*. Eugene, OR: Wipf and Stock, 1994.

Foster, R., *Rios de agua viva: El Retorno a La Fuente De La Renovacion Perdurable*. Miami, FL: Editorial Peniel, 2010.

Goll, J., *El Vidente: El Poder Profético de las Visiones, Los Sueños, y Los Cielos Abiertos*. Nashville, TN: Destiny Image, 2004.

Hagin, K., *Cómo Puede Ser Dirigido Por el Espíritu de Dios*. Tulsa, OK: Faith Library, 2006.

Toledo, J., *Ojos Que Ven & Oidos Que Escuchan*. Dinuba, CA: Global Children's Movement, 2007.

Toledo, J., *Los niños y lo sobrenatural*. Lake Mary, FL: Casa Creación, 2012.

Willard, D., *Escuchar a Dios*. Miami, FL: Peniel, 2016

Wimber, J. & Springer, K., *Evangelización Poderosa*. Nashville, TN: Editorial Caribe, 1997.

MATTHEW HELLAND

Nacido en Chile de misioneros estadounidenses, Matthew Helland es un misionero internacional, orador y escritor. Tiene su base en Ámsterdam (Países Bajos). En los últimos años su ministerio le ha llevado a naciones por toda Europa, América del Norte, América del Sur, el Medio Oriente y Australia. Habla inglés, holandés y español con fluidez.

Matthew se siente llamado a activar iglesias en el evangelismo y los dones del Espíritu. Frecuentemente enseña sobre temas como:

- discipulado
- profecía
- evangelismo de poder
- sanidad divina
- oración
- plantación de iglesias

Matthew y su esposa Femke viven en Ámsterdam con sus cuatro hijos. Tras plantar una iglesia allí, ahora están enfocados en alcanzar a personas de habla hispana en el Barrio Rojo de la ciudad. ¡Allí están viendo vidas transformadas por el amor de Dios y el poder del Espíritu Santo!

www.newlifeequip.org
www.prophesyandheal.com
Facebook:www.facebook.com/mattandfemke.helland

La rápida partida

¡Un buen comienzo es la mitad del recorrido!

Un buen comienzo es de vital importancia para todo lo que sigue. Sin tacos de partida, un corredor de velocidad que compita en los Juegos Olímpicos no puede establecer un récord de tiempo, y menos aún ganar la carrera. Si un avión no acelera por la pista a velocidad máxima, no puede despegar y nunca llegará a su destino.

ISBN 9789490489038 (ITPE), 80 pag.
ISBN 9781951014087 (eBook)

Por la misma razón, Dios tiene una rápida partida para todos sus hijos que inmediatamente los elevará a una vida de poder y victoria. Este libro explica con lenguaje claro cómo puede usted recibir de Dios esa rápida partida.

BRAM MOELKER es el fundador y pastor principal de Grace Ministries en Alkmaar, Países Bajos. Importantes aspectos de su ministerio son conducir a los cristianos a una vida de victoria y hacerlos discípulos de Jesucristo: arraigados en la Palabra de Dios, llenos del Espíritu y con corazones totalmente entregados a Jesús y al plan de Él para este mundo.

EVANGELISMO CON PODER

Comparte el evangelio con amor y poder

Cuando compartimos el mensaje de Jesús, deberíamos hacerlo como Él lo hacía: con amor y poder. Después de todo, Dios es amor, y Jesús mismo mostró el poder de Dios con señales y maravillas. Pero ¿cómo es compartir el evangelio con amor y poder? ¿Qué papel pueden desempeñar la profecía, la sanidad y la liberación en compartir el evangelio? ¿Y qué es exactamente el evangelio que estamos compartiendo?

ISBN 9781951014094 (Powerpocket), 148 pag.
ISBN 9781951014100 (eBook)

Con un sólido marco teórico, preguntas y ejercicios para ayudarte a avanzar, consejos prácticos y muchos testimonios, Matthew Helland comparte su visión del evangelismo con poder en un contexto global. ¿Qué te está reteniendo? ¡Solo comparte el evangelio con amor y poder!

MATTHEW HELLAND (M.Div., Universidad Oral Roberts) ha dirigido escuelas de profecía por todo el mundo desde 2010. Juntamente con su esposa Femke trabaja como pastor en el Distrito Rojo de Ámsterdam. Matt y Femke tienen cuatro hijos.

www.ingramcontent.com/pod-product-compliance
Lightning Source LLC
Chambersburg PA
CBHW030153100526
44592CB00009B/255